*Han participado en la elaboración de esta obra:*

Alicia V. **Benito**. Payasos sin Fronteras

David **Bingong**. Teatro sin papeles

María del Carmen **de la Fuente Pérez**. Fundació Migra Studium

Sebastián **Mora Rosado**. Universidad Pontificia Comillas (Madrid)

Claudio **Navarro**. ADSIS, Valladolid

Mª Luz **Ortega**. Universidad Loyola

Francisco Javier **Sancho Fermín**. Universidad de la Mística, Ávila

Lola **Arrieta Olmedo**. Ruaj

Elisa **Estévez López**. Universidad Pontificia Comillas (Madrid). Ruaj

Lola Arrieta Olmedo
Elisa Estévez López
(Coords.)

# Sembrar esperanza acompañando el presente

V Círculos de encuentro Marisa Moresco

NARCEA, S.A. DE EDICIONES

Paseo Imperial 53-55. 28005 Madrid. España
**www.narceaediciones.es**


Calle Azafranal, 40. 37001 Salamanca. España

Diseño de cubierta: Valérie Squire
Imagen de la cubierta: Pickpik

ISBN papel: 978-84-277-3153-0
ISBN ePdf: 978-84-277-3154-7
ISBN ePub: 978-84-277-3155-4
Depósito legal: M-5076-2024

Impreso en España. Printed in Spain

# ÍNDICE

# INTRODUCCIÓN

Transitamos tiempos inciertos, perdemos seguridades, crece la precariedad, arrecia el frío en el corazón y el sentido se nubla. Donde los ojos distraídos no descubren más que razones para desesperar, es posible, sin embargo, descubrir y anunciar signos de esperanza que consuelan y alientan. El presente está preñado de esperanza. En cada realidad, por dura que sea, existe siempre posibilidad de bien, capacidad para romper con el hechizo de la impotencia. La esperanza se teje con la confianza tendida hacia el futuro y pone alas a la paciencia. Nos lleva a mirar siempre adelante con valentía.

En los V Círculos de encuentro Marisa Moresco, *Sembrar esperanza acompañando el presente*, hemos apostado por construir *narrativas* que horaden el presente y sigan tejiendo nuevas certezas que sustenten la recreación de otros modos de vivir y relacionarnos, de pensar, sentir y celebrar, de proyectarse en el futuro con esperanza, de vivir en armonía con el universo.

* Nota. En coherencia con el valor asumido de igualdad de género, en este libro se emplea indistintamente el género masculino o femenino para atender a todas las personas que pertenecen al grupo mencionado en el texto, respetando, asimismo, las normas gramaticales de la Real Academia Española de la Lengua (RAE).

Las distintas intervenciones son una invitación a comunicar esperanza desde la experiencia creída y vivida de un Dios que se compadece de todos porque todo lo puede (Sab 11,23).

## HACEMOS MEMORIA

Los V Círculos de encuentro Marisa Moresco, organizados por el equipo Ruaj tienen una significación especial al coincidir con la celebración de los 25 años vividos acompañando.

Parece que fue ayer, cuando en 2019 nos reuníamos llenas de emoción para celebrar los I Círculos en los que recordamos muy especialmente a nuestra querida Marisa Moresco. Reconocíamos su aportación a la historia como acompañante y testigo y su decisión determinada y sostenida en el tiempo de generar vida. Lo hizo desde la confianza incondicional y esperanzada en Aquel que es la Vida, haciéndose compañera de todas y todos aquellos con los que se cruzó en el camino. En aquella primera edición profundizamos lo que significa *Acompañar en las periferias existenciales*[1].

En los II Círculos, julio de 2020, marcados por el confinamiento debido a la COVID19, centramos nuestra atención en las *#Familias que importan*[2], con la convicción profunda de la necesidad de recrear el tejido social, lugares seguros en los que crecer y vivir. La coyuntura

[1] Lola ARRIETA y Elisa ESTÉVEZ, *Acompañar en las periferias existenciales*. Narcea, Madrid [2]2022.

[2] Lola ARRIETA y Elisa ESTÉVEZ, *#Familias que importan*. Narcea, Madrid 2021.

del momento hizo que los miembros de Ruaj, reunidos en el Centro Vedruna de Valladolid, viviéramos aquel encuentro como *aliento*, agradeciendo y amasando más y más los vínculos que nos unen, activando nuestros anhelos, búsquedas, para frenar tanto descuido y desahucio padecido; para aprender a afrontar juntos el sufrimiento, de la mano del Dios del cuidado, que con su amor, rompe los hilos de la ira y la violencia.

Celebramos los III Círculos, en marzo del 2021, bajo los efectos de la pandemia, que arreciaban aquí y allá, sin darnos tregua y siendo testigos del dolor y los estragos padecidos por tantas familias. La temática, atentas al contexto, se nos iluminó con claridad: *Acompañar en la [in]certidumbre*[3], con el deseo de vislumbrar cómo acompañar las situaciones en las que experimentamos lo que es estar al descubierto y sin protección.

Llegaron por fin los IV Círculos, en marzo del 2022 y de nuevo fueron presenciales. Sentimos una profunda alegría al recuperar los abrazos, al mirarnos cara a cara sin la limitación de las ventanitas de las videoconferencias. Desde nuestras latitudes percibimos la urgencia de adentrarnos en las nobles tareas de reconstrucción.

Después de lo vivido, *ya nada es igual*, ya no somos los mismos. Aunque a muchos nos atrape la angustia y el miedo, aunque queramos vivir "como si nada hubiera pasado", el respeto a la vida, el cuidado y la responsabilidad de vivir obligan. Es tiempo de repensar, *¿qué pasa con nosotros después de lo vivido?* Cómo acompañar las *identidades emergentes*[4] que nacen acogiendo nuestra

[3] Lola Arrieta y Elisa Estévez, *Acompañar en la [in]certidumbre*. Narcea, Madrid 2022.

[4] Lola Arrieta y Elisa Estévez, *Identidades Emergentes*. Narcea, Madrid 2023.

condición vulnerable y eligiendo la bondad, el cuidado y la responsabilidad como nuevas y buenas prácticas de relación con nosotros mismos, con los demás, con la naturaleza y con Dios.

Hay que celebrarlo, ¡cómo no! Tras la firma oficial, 25 años de andadura, y algunos otros tanteando, gestando y escuchando para afinar el oído y perfilar aquello que era ya más que un proyecto, no pueden pasarse por alto; hacemos memoria agradecida en *cada ocasión por lo vivido y lo por venir*, acompañando ahora la Esperanza.

Tantísimas horas de encuentros personales y con grupos. Tantas otras de itinerar por los caminos de nuestras tierras, aquí y allá, anunciando a Aquel que es la Vida, que se hizo uno entre nosotros y nosotras con el anhelo de incorporarnos a la misión, recibida del Padre: *"He venido para dar vida y para que todos la tengan en plenitud"* (Jn 10,10). Y ahí seguimos. Por todo ello dimos gracias el 10 de diciembre en un encuentro festivo al que acudimos más de 300 personas.

La celebración de los V Círculos de encuentro fue prolongación de nuestra acción de gracias por todos y cada uno de los que en estos 25 años hemos hecho posible que el proyecto Ruaj siembre esperanza y trate de acompañarla como talante y actitud día a día. *Sembrar esperanza* acompañando el presente que nos toca vivir es la temática de los V Círculos de encuentro.

## LA TENSIÓN MIEDO-ESPERANZA

Transitamos tiempos inciertos, decimos. Cuando arrecia el frío y el sentido se nubla nos encontramos anémicos de esperanza. Hace falta una buena dosis para reestablecer el equilibrio y regularnos en ese impulso que nos hace vivir y arriesgar, sin quedarnos amedrentados por futuros inciertos.

Los humanos, al nacer, desarrollamos ese doble reflejo, como un doble movimiento hacia adelante y hacia atrás, de los que nos servimos una y mil veces para avanzar en el camino. Como el arquero para afinar el tiro, tensando la cuerda de su arco primero hacia atrás, para después soltar de golpe; como las olas del mar van y vienen con la marea, atrás y adelante, así funciona el ritmo de nuestro caminar y, en él, el ir y venir de la esperanza.

La relación con la vida se da en ese continuo movimiento de fuerzas. En cada situación, cada trance, toca decidir: *replegarse* ante lo que acontece, o bien *arriesgar*, al entrar en relación. Hacer algo, con lo que la vida hace con nosotros. Las decisiones hacia atrás están marcadas por el miedo, los movimientos hacia delante los impulsa la esperanza. El corazón humano se ve tironeado por estas dos fuerzas, siempre en movimiento, siempre en tensión, retándonos a apostar por la vida.

Nos movemos, como decía Machado, entre la *verde esperanza y el torvo miedo*.

> "¿Conoces los invisibles hiladores de sueños?
> Son dos: *la verde esperanza y el torvo miedo*.
> Apuesta tienen de quien hile más y más ligero:
> Ella, su copo dorado; él su copo negro.
> Con el hilo que nos dejan, tejemos cuanto tejemos".
>
> A. Machado

¿Cuál es el color dominante en el telar de nuestra vida, de la familia humana, de nuestras culturas, pueblos y comunidades? ¿la verde esperanza? ¿el torvo miedo?

 

Dicha tensión no distingue edades, ni latitudes, ni culturas, ni tiempos. Todos y en todas las épocas de la existencia tenemos que afrontarla y gestionarla de la mejor manera posible. Hay tiempos en los que se tensa más. Y lugares en los que la cuerda parece haberse roto hace tiempo. Aquí y ahora, según los hilos que utilicemos, vamos construyendo un telar de esperanza o de miedo.

La *dureza de la vida* en sus múltiples versiones es una de las causas que con más facilidad rompe la cuerda de la tensión en favor del miedo. Cuando hay *más esperanza* que miedo, la vida se abre camino, las apuestas y proyectos, se atisban como posibles, la vida puede ser vivida con dignidad, con sentido, con cuidado.

## HAY LUGAR PARA LA ESPERANZA

La memoria agradecida y experienciada de un Dios que ama a todos y nada aborrece, porque todo lo ha creado (Sab 11, 24-26) vivifica nuestra esperanza, la fortalece y alienta. El Dios de la Creación ha acompañado y acompaña la historia humana con Amor. Él ha hecho su parte y continuamente espera que nosotros colaboremos para que, en la tensión del momento presente, la balanza se incline hacia el horizonte de la esperanza, hacia la generación de futuros posibles donde la vida llegue a ser posible para todos.

Pasados más de 25 años acompañando, agradecemos el *realismo esperanzado*, paciente y persistente experimentado en tantas situaciones de alegrías y sufrimientos; tantas historias compartidas, búsquedas y anhelos. El fruto de ello es ser testigos del inclinarse de la balanza a favor de la V/vida en el horizonte señalado por la Esperanza.

Este testimonio lo recibimos de Marisa Moresco. Su fidelidad incansable para con cada persona, cada grupo, cada encuentro, hace que hoy se nos muestre como testigo de esperanza.

En los primeros Círculos, Marisa, te recordábamos con aquellas palabras de Gabriel Marcel: "Amar es decirle a alguien tú no morirás jamás". Esas palabras, en ese momento, estaban movidas por el amor. Hoy te las repetimos con mucha más consciencia, como canto de agradecimiento y esperanza confiada y amorosa porque te sentimos viva, participando plenamente de la Pascua de Jesús. Sigues con nosotros, desde la puerta de al lado, acompañando nuestro itinerar. Las palabras y las promesas de quien fue coherente, como te percibimos a ti, perduran. Tu decir no se agotó en lo dicho, se prolonga en el tiempo y nos fortalecemos recordándote. Sigues esparciendo semillas de esperanza y cada poco recibimos testimonios que lo anuncian.

Ojalá los Círculos de encuentro, y la reflexión que en ellos generamos, sigan siendo un continuo intercambio de esperanzas entre unos y otros. Que la savia circule y llegue a los lugares más recónditos, a las personas o pueblos *atrapados* por el miedo, el infierno y el terror. Unos a otros nos emplazamos para abrir esa vía de esperanza que, repitiendo el milagro, vuelve a crear el mundo, como dice María Zambrano:

> "[...] cuando el mundo está en crisis y el horizonte
> que la inteligencia otea aparece ennegrecido
> de inminentes peligros; cuando la razón estéril se

 

> retira, reseca de luchar sin resultado, y la sensibilidad quebrada sólo recoge el fragmento, el detalle, nos queda sólo una vía de esperanza: el sentimiento, el amor, que, repitiendo el milagro, vuelva a crear el mundo"[5].
>
> María Zambrano

Las intervenciones de los V Círculos aportan luz para mirar, nutrir, trenzar, construir y acompañar la esperanza.

El primer artículo, de Sebastián Mora Rosado, "El dinamismo de la esperanza desde las cunetas de la historia", nos ayuda a *mirar* la realidad con esperanza. La "frágil niña Esperanza" (Péguy), como virtud teologal, se saborea con mayor densidad desde las periferias del mundo. Perforar la realidad para descubrir el dinamismo de la esperanza.

En su reflexión presenta, en primer lugar, los "cortafuegos para la Esperanza": el miedo como amenaza que aprisiona, la banalización de la injusticia y el optimismo cruel que nos promete vidas felices socavando nuestra condición humana, legitiman el estado de parálisis contra las injusticias. En segundo lugar, propone a continuación una cartografía abierta para recrear la Esperanza en tiempos turbulentos e inciertos: la Esperanza brota desde los exilios y las periferias del mundo, allí donde Dios está acampado; construir el presente desde el futuro requiere comunidades interdependientes y entrelazadas; la voz de las personas descartadas no puede ser reemplazada para comprender sus esperas y construir la Esperanza. Y finalmente sin una experiencia trascendente a la realidad y en la realidad no es posible res-

[5] María Gledis del Socorro ZAMBRANO. *Horizonte del liberalismo.* Morata, Madrid 1996, 269. Citado por G. GARCÍA, "Una aproximación al sentido de la esperanza en María Zambrano". *Discusiones Filosóficas,* Enero-Junio 2015, 119-128.

catar del olvido los surcos de Esperanza que transitan por los subterráneos de la historia.

Francisco Javier Sancho, nos invita en su reflexión, "La oración, fragua de esperanza" a *nutrir* la esperanza porque esta, además de un valor humano necesario, es un "don" gratuito que configura el modo de vivir propio del cristiano y que necesita ser alimentado y potenciado. Reducida la esperanza al ámbito humano termina por manifestar su limitación y su ocaso. La oración es el lugar donde la esperanza se despierta y crece. Pero una oración entendida como encuentro con el Dios vivo, con Jesucristo, no como un ritual o culto, sino como una relación que modela la vida. El autor afronta el tema desde tres perspectivas: 1) la oración es la escuela de la esperanza, donde conocer a Dios, al Dios verdadero y abrirse para que el Espíritu actúe en nosotros y nos haga partícipes del don; 2) la oración es el ámbito en el que nos descubrimos infinitamente amados, salvados y resucitados; descubrirse y experimentarse así, potencia en nosotros el despliegue de todas nuestras capacidades humanas; 3) orar para conocer al Dios que no deja de esperar en el ser humano, de esperar ser acogido, de esperar dejarse salvar, de esperar que seamos colaboradores activos en la construcción del Reino.

La contribución de Mª Carmen de la Fuente, "Espacios de co-esperanza que forjan sentido", nos inicia en los modos de *trenzar* la esperanza. Esta tiene que ver con el presente en tanto que es el instante con el que contamos. Requiere, nos dice, espacios que permitan cuidarla, alimentarla, protegerla y forjarla. De esta forma, es posible dotarla de una dimensión política y de proyecto y, a la vez, protegerla de la intemperie, no para aislarla en una fortaleza, sino para disponer de lugares que permiten convocarnos y encontrarnos, a los que llegamos para volver a salir. En cualquier sitio es necesario cuidar la esperanza, pero hay lugares preferentes: las periferias, los márgenes y las fronteras.

Esos espacios son diversos y requieren siempre de procesos, pero es posible, nos dice la autora, identificar algunos elementos que nos ayudan en la tarea de trenzar la esperanza. Se ayuda de algunas imágenes sugerentes: una puerta abierta, una silla vacía, una mesa puesta, una luz que mantenemos encendida, una ventana para mirar el mundo, un relato utópico, un lugar para la oración y el silencio, un lugar para construir lo común, un lugar libre para que cada uno ponga lo suyo y para que juntas, lleguemos a poner lo nuestro.

Las intervenciones de la mesa redonda, "Construir la esperanza", aportan luz en la convicción de que no hay verdadera esperanza en Dios más que allí donde hay esperanza para todos. No hay más futuro que aquel que seamos capaces de alcanzar con los otros y para los otros. Mª Luz Ortega comparte su reflexión inacabada, sobre la experiencia vivida de acceso a la vida pública en un trabajo de construir esperanza para "Los Nadie", así como las dificultades y posibilidades que comporta.

Alicia V. Benito, payasa expedicionaria de la ONG Payasos sin Fronteras, ofrece su testimonio, desde el trabajo que realizan con niños en contextos de guerra, etc.; de cómo la risa es un factor que fortalece la resiliencia en la adversidad. David Bingong, miembro del "Teatro sin papeles", relata su experiencia de salida desde Camerún a España, sus aprendizajes en ese viaje (compartir, humildad, perseverancia), su proceso de adaptación (alegría, choque con la realidad, rebeldía, aceptación).

Hoy necesitamos hombres y mujeres portadores de esperanza y de sentido acompañando, consolando, conpadeciendo, siendo testigos de los brotes de V/vida que despuntan en cada persona, en la historia y en la creación. En su intervención, "Acompañar la Esperanza. ¿Es posible acoger la Vida acompañando la vida sin esperanza?", Lola Arrieta, se acerca a su tema partiendo de los contextos actuales y preguntándose qué significa *acompañar las pequeñas esperanzas*, alentarlas y discernirlas a la luz de la "gran Esperanza" que es Dios (*Spe salvi* 27). Reflexiona a continuación sobre cuatro olvidos fundamentales nos afectan: a) el olvido de ser; b) la pérdida de la palabra; c) el rechazo del prójimo; d) la distancia frente a Dios. En un diálogo con la "Esperanza", presente dónde la descubre en su vida y en la de tantos testigos. La parte final se centra en los encuentros de acompañamiento, una cita con la esperanza.

La intervención de Claudio Navarro clausura los V Círculos de encuentro Marisa Moresco recogiendo lo vivido en esos días a partir de los verbos que han sido el eje que ha articulado la reflexión compartida: mirar, nutrir, trenzar, construir y acompañar la esperanza.

Deseamos que la lectura de estas reflexiones siga alentando la esperanza comprometida. Usando la imagen de Eduardo Galeano, que nuestros "fuegos" sigan caldeando nuestros corazones y ardan "con tantas ganas que no se puede mirarlos sin parpadear, y quien se acerca, se enciende".

 

# I. El dinamismo de la esperanza desde las cunetas de la historia

## EN LAS CUNETAS DE LA HISTORIA

Terminando este escrito el estado de Israel bombardea Gaza afectando a la población civil de manera indiscriminada. La guerra de Rusia contra Ucrania, ahora en un plano secundario, sigue produciendo y alimentando un auténtico y dramático "valle de lágrimas". Otras guerras, olvidadas en nuestro mundo occidental, como la de Sudan sigue extendiendo muerte y destrucción por doquier. En la actualidad son más de cincuenta los conflictos armados activos en nuestro mundo. ACLED[1], una organización que hace seguimiento de los conflictos en el mundo, cifra en el año 2023 más de 160.000 muertes causadas por estos conflictos violentos. Desde hace años, el papa Francisco afirma que vivimos una tercera guerra mundial "a pedacitos" que constituye una verdadera amenaza para el ser humano.

---

[1] Ver: https://acleddata.com/dashboard/#/dashboard

En el año 2022, según la Agencia de las Naciones Unidas para los refugiados (ACNUR), más de 108 millones[2] de personas tuvieron que abandonar sus hogares como resultado de persecuciones políticas, sociales o religiosas, por causa de conflictos armados, por violaciones fragantes de los derechos humanos o por situaciones de grave alteración del orden público y la paz social. Cifra, 108 millones de personas, que representan un triste récord de la serie histórica conocida, según estima la misma agencia de Naciones Unidas.

Según la Organización Internacional de Migraciones (OIM) en el año 2022 más de 280 millones de personas son migrantes en el mundo. En torno al 3,6% de la población mundial ha tenido que buscar otros horizontes en otras patrias y naciones. La pobreza y la desigualdad, la falta de expectativas, los regímenes políticos autoritarios, la atracción de la "cultura de la satisfacción" *(Galbraith)* que exportamos desde las sociedades ricas hacen que millones de personas compongan un éxodo constante e intenso en las fronteras de nuestros mundos. También la OIM estipula esta cifra como otro triste récord.

Además del sufrimiento que supone verse forzado a "salir de tu tierra", las personas migrantes viven, en muchos casos, auténticos dramas en los tránsitos migratorios. El proyecto Migrantes desaparecidos[3] ha documentado más de 60.000 desapariciones de personas en tránsitos migratorios desde el año 2014. De estas personas que perdieron la vida en trayectos migratorios no

---

[2] En torno a 46 millones de personas son refugiadas, solicitantes de asilo o protección internacional. El resto, alrededor de 65 millones de personas, son desplazadas internas. Más del 40% de estas personas expulsadas de sus hogares y raíces tienen menos de 18 años.

[3] De la OIM: https://missingmigrants.iom.int/es

han sido recuperados los restos de 25.134. De entre todas las rutas migratorias la más mortífera es la del Mediterráneo en la que desde 2014 han muerto 28.260 personas. Muchas de ellas están sepultadas en tumbas sin nombre en algunos cementerios del sur de España.

La Organización de las Naciones Unidas para la Agricultura y la Alimentación (FAO) estimaba en su último informe[4] que en 2022 padecieron hambre en el mundo entre 691 y 783 millones de personas. Casi el 30% de la población mundial (2.400 millones de personas) padecía inseguridad alimentaria; entre estas, unos 900 millones (11,3% de la población mundial) padecían inseguridad alimentaria grave. La seguridad alimentaria, necesidad básica para el ser humano, no llega a un tercio de la población mientras tiramos toneladas de comida a la basura cada año[5].

El Banco Mundial[6] estima que en 2020 alrededor de 719 millones de personas sufrieron pobreza extrema en el mundo. Esta cifra ha supuesto un aumento significativo después de treinta años de reducción de la pobreza extrema en el mundo. Además, las proyecciones no son nada halagüeñas para los próximos años debido a la repercusión de la crisis inflacionaria en los más pobres y la emergencia de conflictos armados de gran intensidad. Antes de la COVID19 se hacían estimaciones, para los próximos años, que situaban la pobreza extrema en tor-

[4] FAO, FIDA, OMS, PMA y UNICEF. 2023. El estado de la seguridad alimentaria y la nutrición en el mundo 2023. Urbanización, transformación de los sistemas agroalimentarios y dietas saludables a lo largo del continuo rural-urbano. FAO, Roma. https://doi.org/10.4060/cc3017es

[5] Para el año 2019 se estimaba que en el mundo se tiraban a la basura alrededor de 931 toneladas de comida. United Nations Environment Programme (2021). Food Waste Index Report 2021. Nairobi.

[6] World Bank. Poverty and Shared Prosperity 2022: Correcting Course. Washington, DC: World Bank. doi:10.1596/978-1-4648-1893-6

no a 590 millones de personas, en la actualidad las estimaciones más optimistas cifran alrededor de 660 millones de personas en pobreza extrema.

Según el *Multidimensional Poverty Index (MPI)*, que desarrolla la Universidad de Oxford[7] para Naciones Unidas, en el informe de 2023[8] se estima que 1.100 millones de personas viven en pobreza multidimensional aguda (alrededor del 18% de una población de 6.100 millones de personas). En África Subsahariana cinco de cada seis personas están en pobreza multidimensional (534 millones) y los menores de 18 años son la mitad de las personas pobres en el mundo (566 millones). Del todo alarmante es el dato que entre la población infantil el 27,7% sufre pobreza en comparación con el 13,4% en la población adulta.

Por otra parte, el *World inequality report 2022*[9] muestra cómo la desigualdad sigue incrementándose en nuestro mundo a niveles indignantes, generando una estructura social en la que el 10% más rico de la población posee entre el 60% y el 80% de la riqueza del mundo, mientras que el 10% más pobre solo alcanza a disfrutar el 5% de esa riqueza. Es decir, vivimos en un mundo roto, donde las brechas de la desigualdad causan estragos económicos, políticos y morales.

Hace algunos años, una campesina salvadoreña me hacía partícipe de su indignación por la desigualdad,

---

[7] Ver: https://ophi.org.uk/multidimensional-poverty-index/. Este índice valora el acceso y disfrute a la salud, la educación y unos mínimos vitales de estándar de vida (electricidad, cocina, baño, etc.).

[8] UNDP (United Nations Development Programme). 2023. Global Multidimensional Poverty Index (MPI): Unstacking global poverty: Data for high impact action. New York https://hdr.undp.org/content/2023-global-multidimensional-poverty-index-mpi#/indicies/MPI).

[9] Lucas CHANCEL, Thomas PIKETTY, Emmanuel SAEZ y Gabriel ZUCMAN. *World inequality report* 2022. World Inequality Lab, Nantes 2021.

que ella vivía en sus propias carnes. Me compartía que a ellas no les asustaba la pobreza, porque siempre habían sido pobres. Pero, le indignaba la desigualdad. La pobreza compartida en comunidad "nos hace más resistentes y la desigualdad nos rompe. Ver como mis hijos no tienen escuela, médico o comida suficiente cuando tres barrios más arriba poseen de todo, hasta tirarlo a la basura, rompe el alma".

El papa Francisco en su última exhortación apostólica *Laudate Deum* en su número 5 afirma:

> "Por más que se pretendan negar, esconder, disimular o relativizar, los signos del cambio climático están ahí, cada vez más patentes. Nadie puede ignorar que en los últimos años hemos sido testigos de fenómenos extremos, períodos frecuentes de calor inusual, sequía y otros quejidos de la tierra que son sólo algunas expresiones palpables de una enfermedad silenciosa que nos afecta a todos. Es verdad que no cabe atribuir de modo habitual cada catástrofe concreta al cambio climático global. Sin embargo, sí es verificable que determinados cambios en el clima provocados por la humanidad aumentan notablemente la probabilidad de fenómenos extremos cada vez más frecuentes e intensos. Por eso sabemos que cada vez que aumente la temperatura global en 0,5 grados centígrados, aumentarán también la intensidad y la frecuencia de grandes lluvias y aluviones en algunas zonas, sequías severas en otras, calores extremos en ciertas regiones y grandes nevadas en otras.
>
> Si hasta ahora podíamos tener olas de calor algunas veces al año, ¿qué pasaría con un aumento de la temperatura global de 1,5 grados centígrados, del cual estamos cerca? Esas olas de calor serán mucho más frecuentes y con mayor intensidad. Si llega a superar los 2 grados, se derretirían totalmente las capas de hielo de

> Groenlandia y de buena parte de la Antártida, con enormes y gravísimas consecuencias para todos".

La Madre Tierra está amenazada y "gime bajo dolores de parto" (cfr. Rom, 8, 22) en unos momentos de profunda incertidumbre, inseguridad y complejidad.

Estas realidades, someramente descritas, muestran cómo la "cultura del descarte" se está adueñando de nuestro imaginario social. En sociología y filosofía social no son extraños conceptos tan dramáticos como población sobrante, desechos humanos, personas descartadas, *wasted humans*, personas expulsadas, colectivos abyectos, poblaciones sacrificadas, etc. Estos conceptos no son más que expresión de una dinámica estructural que avanza pisoteando personas y dignidades. No solo se desarrollan prácticas de opresión y explotación para sostener los procesos de acumulación creciente que exige la dinámica capitalista, sino que la expulsión de poblaciones sobrantes son una consecuencia directa de un sistema económico brutal[10]. Los empobrecidos se convierten en población sobrante, en personas superfluas al sistema, en población excedentaria que en la época de *brutalismo* que vivimos, como dice Mbembe, se pueden eliminar[11].

Frazer[12], en su último libro, habla de un *capitalismo caníbal* que más allá de la explotación de la fuerza de trabajo para una producción sin límites en una economía de mercado bajo el régimen absoluto de la propiedad privada, que definía el marco clásico del capitalismo. El capita-

---

[10] Saskia SASSEN. *Expulsiones: brutalidad y complejidad en la economía global.* Katz, Madrid 2015.

[11] Achille MBEMBE, *Brutalismo.* Paidós, Barcelona 2022. 17.

[12] Nancy FRAZER. *Cannibal Capitalism: How our System is Devouring Democracy, Care, and the Planet and What We Can Do About It.* Verso Books, New York 2022.

lismo actual devora la vida, el cuidado, el medio ambiente, la democracia. Es un capitalismo que mata, como afirma el papa Francisco en *Evangelii gaudium:*

> "Así como el mandamiento de «no matar» pone un límite claro para asegurar el valor de la vida humana, hoy tenemos que decir «no a una economía de la exclusión y la inequidad». Esa economía mata. No puede ser que no sea noticia que muere de frío un anciano en situación de calle y que sí lo sea una caída de dos puntos en la bolsa. Eso es exclusión. No se puede tolerar más que se tire comida cuando hay gente que pasa hambre. Eso es inequidad. Hoy todo entra dentro del juego de la competitividad y de la ley del más fuerte, donde el poderoso se come al más débil" (EG, 53).

Esta dinámica brutal, caníbal y homicida abre la puerta a la cultura del descarte en la que:

> "(...) grandes masas de la población se ven excluidas y marginadas: sin trabajo, sin horizontes, sin salida. Se considera al ser humano en sí mismo como un bien de consumo, que se puede usar y luego tirar. Hemos dado inicio a la cultura del «descarte» que, además, se promueve. Ya no se trata simplemente del fenómeno de la explotación y de la opresión, sino de algo nuevo: con la exclusión queda afectada en su misma raíz la pertenencia a la sociedad en la que se vive, pues ya no se está en ella abajo, en la periferia, o sin poder, sino que se está fuera. Los excluidos no son «explotados» sino desechos, «sobrantes»" (EG, 53).

No cabe duda, que las cunetas de la historia aparecen repletas de desechos humanos. Hay multitud de personas apartadas a los bordes y "costados de la vida", hay muchedumbres invisibilizadas que están condenadas a vivir en la penumbra eterna. No podemos dulcificar la realidad cuando millones de hermanos y hermanas nuestras están (sobre)viviendo en contextos de extrema vulnerabilidad, cuando miles de personas migrantes, como hemos mencionado, mueren ahogados bajo el silencio cómplice de las sociedades occidentales, cuando miles de niños mueren en guerras brutales y el "horrorismo"[13] forma parte de nuestro paisaje cotidiano transparentando la absoluta vulnerabilidad de las víctimas inermes.

Ahora bien, desde estas cunetas de la historia estamos llamados a dar razón de nuestra Esperanza. La arquitectura de la Esperanza cristiana no elude las realidades de injusticia para su edificación; ni espiritualiza el dolor de las víctimas desde un optimismo evasivo; ni proclama la mera resignación histórica como un tránsito necesario para vivir una realidad transhistórica. La "frágil niña Esperanza" (Péguy) brota desde las cunetas de la injusticia, del sufrimiento y la desesperación. Emerge con trazos y contornos débiles, pero con una visión amplia y clara.

Rebecca Solnit (2020:9), desde el análisis de las resistencias que brotan tras las catástrofes ecológicas y sociales, revela cómo "al término de una tormenta, el aire queda limpio de las partículas de materia que enturbiaban la visión. Es entonces cuando alcanzamos a ver más lejos y con mayor claridad"[14]. La Esperanza, desde las cunetas de la historia, logra "ver más lejos y con mayor claridad" para ver y sentir que "los ciegos recobran la vista, los cojos caminan, los leprosos quedan limpios, los sordos oyen, los muertos resucitan y los pobres reciben la Buena Noticia" (Mt 11,5).

[13] Adriana CAVARERO. *Horrorismo. Nombrando la violencia contemporánea.* Anthropos, Barcelona: 2009.

[14] Rebeca SOLNIT. *Un paraíso en el infierno: las extraordinarias comunidades que surgen en el desastre.* Capitán Swing, Madrid 2020. 9.

## DAR RAZÓN DE VUESTRA ESPERANZA

La Esperanza no es un adorno motivacional para la vida cristiana. Es una virtud teologal central en la tradición bíblica del pueblo de Israel y del Nuevo Testamento. Por eso, adentrarnos en su arquitectura interna es descubrir elementos esenciales para la vida cristiana. Benedicto XVI, en su encíclica *Spe Salvi* (2007), liga internamente la plenitud de la fe con la firme confesión de la Esperanza. "La Esperanza es una palabra central de la fe bíblica, hasta el punto de que en muchos pasajes las palabras «fe» y «esperanza» parecen intercambiables. Así, la Carta a los Hebreos une estrechamente la «plenitud de la fe» (10, 22) con la «firme confesión de la Esperanza» (10,23)" (SS, 2).

La "frágil niña Esperanza" (Péguy), que antes mencionábamos, camina de la mano de la Fe y la Caridad vivificando la vida de ambas desde una unidad interna sólida y diferenciada. Hay teólogos que plantean, desde la prioridad de la fe, el primado de la Esperanza en la vida cristiana. "En la vida cristiana, la prioridad pertenece a la fe, pero el primado pertenece a la esperanza"[15].

Los cristianos, en este mundo roto y agrietado por eternas cunetas de sufrimiento e injusticia, estamos convocados a "dar razón de nuestra Esperanza". Así nos interpela el apóstol Pedro: "si alguien os pide explicaciones de vuestra esperanza estad dispuestos a defenderla, pero con modestia y respeto, con buena conciencia" (1Pe 3, 15-16).

¿Qué significa dar explicaciones? ¿Cómo defenderla con modestia, respeto y buena conciencia? ¿Cómo dar

[15] Jürgen MOLTMAN. *Teología de la Esperanza*. Sígueme, Salamanca 1969. 26.

explicaciones de la Esperanza en un mundo desesperanzado? ¿Cómo transmitir la Esperanza a las víctimas inermes de nuestro mundo?

Las explicaciones parecen sustentarse en la razón –en el *logos*– que habita en la estructura cristiana de la Esperanza[16]. En cierta medida, parece que el apóstol Pedro en este texto nos pide un esfuerzo argumentativo, una teología fundamental de nuestro "creer, amar y esperar". Ahora bien, siendo condición necesaria para nuestra vida, ¿es condición suficiente? La Esperanza tiene un *logos* interno en la tradición cristiana que la sostiene y fundamenta, pero la Esperanza cristiana es también anticipación histórica del reinado de Dios en el mundo. También el apóstol Pedro nos llama a esperar y acelerar la venida del Reino (cfr. 2 Pe 3,12) en la confianza de la llegada de "un cielo y una tierra nuevos en los que habitará la justicia" (2Pe 3, 14). Hay un *logos* interno –razón– de la Esperanza, pero también hay una *praxis* testimonial y anticipatoria necesaria.

En este sentido podemos decir que el *logos* de la Esperanza cristiana tiene dos dimensiones: la escatológica y la intrahistórica[17]. La Esperanza escatológica es recapitulación de todo en Cristo. En Cristo culminan todos los tiempos. Todo lo ocurrido, todas las épocas adquieren

[16] Según Pedro RODRÍGUEZ PANIZO la traducción literal sería: "prestos siempre para dar la defensa (justificación, respuesta) a todo el que os pida razón acerca de la esperanza que hay en vosotros". Afirma que en el original griego del texto hace énfasis en el logos interno de la Esperanza, es decir, en la arquitectura racional de su despliegue. Pedro RODRÍGUEZ PANIZO. "Teología Fundamental". En *La lógica de la fe. Manual de Teología Dogmática*, editado por Ángel CORDOVILLA, 17. Universidad Pontificia Comillas, Madrid 2013.

[17] Gabino URIBARRI. "«Cosmovisión de la Esperanza»: actualidad del servicio de la Iglesia a la Esperanza de la humanidad según Gaudium et spes". *Estudios Eclesiásticos*, 81(317), 2006.

su culminación en Cristo en el cual se actualiza todo el plan de Dios. Como formula la *Gaudium et spes*:

> "(...) el Verbo de Dios, por quien todo fue hecho, se encarnó para que, Hombre perfecto, salvará a todos y recapitulara todas las cosas. El Señor es el fin de la historia humana, punto de convergencia hacia el cual tienden los deseos de la historia y de la civilización, centro de la humanidad, gozo del corazón humano y plenitud total de sus aspiraciones" (GS, 45).

Es la encarnación del "hombre perfecto" en el que "recapitulan todas las cosas" lo que da consistencia a la dimensión intrahistórica de la Esperanza que también posee una estructura –*logos*– interno anclada en la "en la fe cristológica en el Dios que se hizo pobre por nosotros, a fin de enriquecernos con su pobreza" (cf. 2Co 8,9). La Esperanza cristiana es testimonio real y tangible de un Dios que se encarna en las cunetas de la vida para enriquecernos con su entrega. Es praxis testimonial anticipatoria y por ello, el *logos* cristiano de la Esperanza es especialmente revelador en los lugares de la injusticia y el dolor. Porque la estructura básica de la Esperanza cristiana, desde las tradiciones bíblicas, está vinculada con la historia sufriente del mundo. Desde el lugar del sufrimiento, experimentamos la justicia ausente y a reclamar. La justicia de Dios queda atravesada por las injusticias históricas. Por eso, la Esperanza cristiana es una tensión dramática irresoluble especulativamente y difícil de soportar existencialmente.

Ser consciente de esta desproporcional tensión que resulta entre la praxis esperanzada y la constante injusticia forma parte de la experiencia cristiana del seguimiento[18].

[18] José Antonio ZAMORA. "Experiencia de Dios y justicia anamnética de las víctimas". *Iglesia Viva*, (247), 2011.

 

¿Cómo es posible seguir esperando en medio de la injusticia y el sufrimiento? se convierte en una pregunta básica en nuestros días que vamos a tratar de dilucidar. Para ello, en primer lugar, deberemos desvelar las condiciones históricas que dificultan, coartan o desfiguran el horizonte de la Esperanza. No podemos pasar por alto los imaginarios sociales, las estructuras económicas y culturales que actúan como cortafuegos de la Esperanza. En un segundo momento analizaremos algunas vías que pueden alumbrar la Esperanza en este mundo repleto de sombras.

## LA ESPERANZA DESACTIVADA

La Esperanza en su dimensión intrahistórica, enlazada estructuralmente con la escatológica, se despliega en condiciones históricas ambivalentes, complejas y ambiguas. Son imaginarios sociales, procesos económicos y políticos, condiciones antropológicas que funcionan como cortafuegos o desaceleradoras de la Esperanza. Estas condiciones no anulan la chispa de la Esperanza, pero las dificulta enormemente. Por ello, es esencial desvelar su existencia, analizar su soberanía y dibujar sus contornos para poder derribarlas o evitarlas para poder anticipar ese "cielo y tierra nueva" que esperamos con confianza en el Dios de la Esperanza.

## EL MIEDO COMO AMENAZA

Como veíamos anteriormente, las desigualdades sociales y económicas se han convertido en uno de los problemas políticos de mayor envergadura. Desigualdades económicas, sociales, culturales, de género, etc., conforman un esqueleto dinámico de expulsión y descarte de millones de personas. No hay que ser un sociólogo o un economista muy avezado para constatar la enorme distancia que existe entre países, pueblos y personas en nuestras sociedades y en nuestro mundo. Cualquier variable social presenta, en términos generales, unas brechas de desigualdad escandalosas en muchísimos casos. Las "hirientes desigualdades", de las que hablara Pablo VI, siguen hiriendo de manera crónica nuestra vida.

Una de las desigualdades más recónditas, que están germinando en los últimos años, aparece en los ámbitos del sentido y la orientación al futuro. Bonaventura de Sousa[19] analiza la polarización que existe en muchas sociedades, y también a nivel internacional, entre aquellas personas y pueblos que viven en el "mundo del miedo sin esperanza, y el mundo de la esperanza sin miedo".

El miedo atenaza las ganas de futuro naturalizando la injusticia y la opresión. Hay personas que no pueden trabajar, luchar y participar para que el mundo suceda para ellas, porque el miedo aprisiona las ganas de futuro:

> "Hay grupos sociales en los que el miedo supera de tal modo a la esperanza que el suceder del mundo les pasa por delante sin que puedan hacer que el mundo suceda. Viven en espera, pero sin esperanza. Hoy están vivos, pero en tales condiciones que mañana podrían estar muertos. Hoy alimentan a sus hijos, pero no saben si mañana podrán hacerlo. La incertidumbre en la que viven es descendente, porque el mundo les pasa de formas que dependen poco de ellos"[20].

Son personas con un presente vulnerabilizado y un futuro robado. Hemos cometido el mayor de los abusos

[19] Bonaventura De Sousa Santos. *Democracia y transformación social*. Siglo XXI, México 2017. 24.

[20] De Sousa Santos, 23-24.

 

posibles, el robo de su futuro[21]. El futuro se presenta como amenaza y no como una proyección para el desarrollo humano.

El miedo y la incertidumbre han conquistado nuestro imaginario social, porque se han conjurado las tres características básicas que las alimentan[22]: la ignorancia, la impotencia y la humillación. En la época del aumento masivo de información (BigData) hemos incrementado nuestra incertidumbre. Si en épocas pasadas, la condición de incertidumbre se manifestaba desde la ignorancia o la falta de conocimiento e información, en nuestro tiempo la *hipercomunicación y la hiperinformación* (Byung-Chul Han) son generadores de incertidumbre. Ya no sabemos a qué atenernos, a qué prestar atención, qué es lo importante y qué debemos descartar. Nuestro mundo se hace opaco, complejo y confuso a base de acumular datos, hechos y experimentos. Existencialmente vivimos bajo condiciones de "ignorancia informada" que nos conduce a una profunda experiencia antropológica de perplejidad.

Hace unos años Bauman mostraba la ambivalencia de nuestras sociedades de la libertad sin límites; pero, sin embargo, colectivamente la impotencia no deja de crecer. "El incremento de la libertad individual puede coincidir con el incremento de la impotencia colectiva, en tanto que los puentes entre la vida pública y la privada están desmantelados o ni siquiera nunca fueron construidos"[23].

---

[21] Patxi LANCEROS. *El robo del futuro. Fronteras, miedos, crisis*. Libros de la Catarata, Madrid 2017.

[22] Zigmunt BAUMAN y Leonidas DONSKIS. *Ceguera moral. La falta de sensibilidad en la modernidad líquida*. Paidós, Barcelona 2015, 124.

[23] Zigmunt BAUMAN. *En busca de la política*. Fondo Cultura Económica, Buenos Aires 1999, cap. 2.

Vivimos bajo el "efecto destino que nos inculca una falsa creencia de que nada es transformable y la realidad soportada siempre es la mejor de las posibles. Lo real adquiere una densidad férrea y una nula flexibilidad cayendo en un «irremedismo» (nada tiene remedio) abrumador"[24]. Esta impotencia personal y colectiva se manifiesta claramente con las crisis ecológicas. Frente a ella nos movemos entre el *negacionismo* y la *colapsología,* que en el fondo representan la misma actitud de impotencia.

De la ignorancia y la impotencia, experimentadas de manera conjunta, brota una sensación de humillación colectiva. Nuestra autoestima, nuestras *tecnoutopías* parecen que se resquebrajan frente a las pandemias, los fenómenos naturales, las guerras y un sinfín de experiencias colectivas que nos abruman y "humillan". Lo impensable, aquello que creíamos que no iba a suceder, puede acaecer[25].

El miedo y la incertidumbre radical velan las posibilidades inéditas de cambio y transformación. La impotencia y el "irremedismo" condenan a la Esperanza a ser un reducto espiritualizado o un simple discurso utópico evasivo. Enraizar la Esperanza, historificar la Esperanza desde los lugares de sombra eterna exige salir del bucle paralizante del miedo y la impotencia. Eso sí, esta salida no es meramente subjetiva y actitudinal, sino que requiere cambiar las condiciones sociales de la existencia de millones de personas. La pobreza, la exclusión y el

[24] Sebastián Mora. "La construcción histórica de la Esperanza en medio de la crisis". *Iglesia Viva,* (257), 2014. 62.

[25] La pandemia fue un hecho paradigmático y en cierta medida la guerra de Ucrania también lo ha sido.

descarte no paralizan la capacidad de agencia de las personas, pero las dificulta en extremo[26].

## LA BANALIZACIÓN DE LA INJUSTICIA

La cultura del descarte que analizábamos anteriormente necesita para subsistir, desde el punto de vista personal y colectivo, de la "globalización de la indiferencia" para que la injusticia pueda imponerse sin resistencias.

> "Para poder sostener un estilo de vida que excluye a otros, o para poder entusiasmarse con ese ideal egoísta, se ha desarrollado una globalización de la indiferencia. Casi sin advertirlo, nos volvemos incapaces de compadecernos ante los clamores de los otros, ya no lloramos ante el drama de los demás ni nos interesa cuidarlos, como si todo fuera una responsabilidad ajena que no nos incumbe" (EG, 54).

La globalización de la indiferencia encuentra su sustento en la banalización de la injusticia[27] que permite naturalizar los procesos sociales y, al mismo tiempo, separa el sufrimiento de la injusticia. Si la cultura del descarte es un proceso irreversible, necesario históricamente e inapelable económicamente no es posible remediarla. Podemos graduar qué intensidad de descarte estamos dispuestos a soportar, pero, como antes decíamos, es irremediable. "A los pobres los tendréis siempre entre vosotros" (Mc 14,7), así que no empeñaros más que en socorrerlos dicen algunos destacados pensadores y teólogos. El mundo es lo que es, es más, es como debe ser para

[26] Sebastián MORA. "El descarte interiorizado: subjetividad y resistencia". *Iglesia Viva*, (295), 2023.

[27] Christophe DEJOURS. *Trabajo y sufrimiento: cuando la injusticia se hace banal*. Modus laborandi, Madrid 2009.

que exista competitividad, libertad y capacidad de crecimiento. Al naturalizar la economía, la política y el derecho no existen resquicios posibles para pensar alternativas, ni rescatar dignidades arrebatadas.

Esta *reificación naturalizante* permite escindir el sufrimiento social de la injusticia. "La conciencia y la experiencia de sufrimiento e infelicidad se separa de los procesos de injusticia, desmovilizando la comprensión y el compromiso por la transformación. El sufrimiento queda únicamente asociado a la común vulnerabilidad y precariedad existencial que tenemos los seres humanos. Todas las personas somos vulnerables y el sufrimiento no es explicable por procesos de injusticia social, sino por el azar social en la gestión de la común vulnerabilidad antropológica"[28]. Porque "el sufrimiento suscita un movimiento de solidaridad y protesta solo en el caso que se establezca una asociación entre la percepción del sufrimiento del otro y la convicción de que dicho sufrimiento es causado por una injusticia"[29].

Si logramos esta escisión, entre sufrimiento e injusticia, de forma automática entendemos que la responsabilidad de las personas descartadas es individual. No existen dimensiones estructurales y sistémicas que excluyen, estructuras de pecado en términos de teología. Los triunfadores, aquellos con posesiones y posiciones asentadas, han logrado construir una "teodicea (o *sociodicea*) de sus privilegios"[30] basada en la meritocracia personal que lleva implícita una teodicea (o *sociodicea*) de los fracasados.

---

[28] Sebastián MORA, "El descarte interiorizado". 49.

[29] Christophe DEJOURS, 29.

[30] Imanol ZUBERO. "Victimización y trabajo". En *Las víctimas como precio necesario*, editado por José Antonio ZAMORA, Manuel REYES MATE y Jordi MAISO, 145. Trotta, Madrid 2016.

Aunque esta *sociodicea* atribuye a los fracasados la responsabilidad de su situación en el mundo, y por tanto nos desrenposabiliza, sigue siendo muy difícil habérselas con el sufrimiento. Se hace forzoso huir del sufrimiento, se hace imprescindible la construcción social de la frialdad. Adorno, en su *Dialéctica Negativa*[31], afirmaba que la frialdad fue un componente básico que permitió la existencia de Auschwitz. No conmoverse por el sufrimiento de los otros nos permite convivir cotidianamente con la violencia, la injusticia y el sufrimiento utilizando mecanismos adaptativos diversos. Este imaginario social de la frialdad convive con un crecido emotivismo selectivo. Vivimos con "un estado del alma en el que la indiferencia es crónica, mientras que la sensiblería emerge tan solo de manera intermitente evidenciando una función compensatoria"[32].

Este sentimentalismo selectivo, "sentimentalismo sin piedad" (Alba Rico), jerarquiza y selecciona las vidas que merecen ser lloradas y las que no merecen ninguna lágrima[33]. En realidad "cuando se analizan las respuestas dadas al sufrimiento se aprecia que las personas no son tratadas de igual forma en sus padecimientos. Lo que marca la diferencia es en buena medida la posición social que ocupa cada persona en un contexto histórico dado y el grupo al que pertenece. Hay sufrimientos que cuentan y hay sufrimientos que no cuentan. El sufrimiento de los grupos sociales hegemónicos tiende a ocupar el centro de la política mien-

---

[31] Theodor W. ADORNO. *Dialéctica negativa*. Taurus, Madrid 1975.

[32] Jordi MAISO. "Sobre la producción y reproducción social de la frialdad". *En Las víctimas como precio necesario*, 64. Trotta, Madrid 2016.

[33] Judith BUTLER. *Marcos de guerra: las vidas lloradas*. Paidós, Barcelona 2010.

tras que el sufrimiento de los grupos subalternos queda situado en los arrabales[34].

Esta realidad, tal como nos muestra el papa Francisco en *Fratelli tutti*, es muy evidente con las personas migrantes: "los migrantes no son considerados suficientemente dignos para participar en la vida social como cualquier otro, y se olvida que tienen la misma dignidad intrínseca de cualquier persona. Por lo tanto, deben ser «protagonistas de su propio rescate». Nunca se dirá que no son humanos pero, en la práctica, con las decisiones y el modo de tratarlos, se expresa que se los considera menos valiosos, menos importantes, menos humanos" (FT, 39).

La escisión de la injusticia y el sufrimiento, la naturalización del descarte y la construcción social de la frialdad cercena las posibilidades de construir Esperanza desde las cunetas de la historia. En el fondo, la banalidad de la injusticia presupone la negación de las cunetas de la historia, de su capacidad de vida y resistencia, de su intensa humanidad y capacidad. Las cunetas de la historia parecen exigirnos una cierta atención, pero una ausencia de revolución esperanzada.

## LA ESPERANZA COMO OPTIMISMO: SUBJETIVISMO INDIVIDUALISTA

Vivimos como si no hubiera límites para el ser humano. La persona, por medio de la voluntad creadora, es capaz de llegar a donde se proponga. "Si tú quieres puedes", es el mandamiento único que sintetiza la promesa

[34] Antonio MADRID. *La política y la justicia del sufrimiento*. Trotta, Madrid 2010. 13.

de felicidad subjetiva del pensamiento positivo. La actitud del sujeto se convierte en el centro de la capacidad transformadora de la historia. Una buena actitud cambia el mundo, una actitud débil y vulnerable te lleva a la muerte. *Sonríe o muere*, es la frase con la que Ehrenreich[35] sintetiza este pensamiento.

Béjar[36], analizando la felicidad como la promesa de salvación moderna, advierte cómo este voluntarismo de la actitud desplaza el polo objetivo o intersubjetivo hacía términos más neutros como "positividad o bienestar subjetivo". La Esperanza de los descartados parece que se juega en el voluntarismo de la actitud. Si en el apartado anterior la injusticia se escindía del sufrimiento; en este la injusticia, y la posibilidad de transformación social, se desplaza hacía una mera actitud. La Esperanza, en tanto optimismo actitudinal, viaja al sujeto y a su voluntad, presentada como todopoderosa y como recurso de felicidad, alegría o Esperanza.

Eagleton[37] se refiere a este desplazamiento como optimismo sin Esperanza. La actitud positiva, el centrarse en tu círculo de influencia, la expulsión del nosotros, la ausencia de proyectos colectivos hace inviable e imposible construir ningún tipo de visión común desde las cunetas de la historia.

Laurent Berlant[38], una autora que ha analizado el giro afectivo en la política desde los años 90, indica que este optimismo, además de desactivar la Esperan-

---

[35] Barbara EHRENREICH. *Sonríe o muere. La trampa del pensamiento positivo.* Turner Noema, Barcelona 2011.

[36] Helena BÉJAR. *Felicidad. La salvación moderna.* Tecnos, Madrid 2018.

[37] Terry EAGLETON. *Esperanza sin optimismo.* Taurus, Barcelona 2016.

[38] Laurent BERLANT. *El optimismo cruel.* Caja Negra, Buenos Aires 2020.

za, es cruel. En realidad, el optimismo que se presenta como una potencia vivificante o animadora hacia un horizonte vital pleno contribuye al desgaste de la propia prosperidad buscada. Lo que se revela como capacitador es, al mismo tiempo, incapacitante. El optimismo predica la buena vida, desde la actitud de las personas, pero desde condiciones sociales que el mismo sujeto recrea, y que acaban desgastando y erosionando al sujeto. Lo que promete el optimismo supone aceptar el sufrimiento, la injusticia presente y el olvido de un futuro donde reine la justicia. El concepto de lo venidero, centrado en lo actitudinal, exige no interrogar la crueldad del ahora, la memoria de los vencidos y la justicia del futuro.

La privatización de la Esperanza agota toda posibilidad de Esperanza[39]. Es interesante analizar cómo de los tratados de escatología clásicos hemos pasado a refugiarnos en las grandes utopías modernas y, en este siglo XXI, hemos caído bajo la dictadura de los libros de auto ayuda. Ser positivo, en el sentido señalado, se convierte en el imperativo de las nuevas tablas de la ley. Imperativo que lleva consigo una cierta intolerancia o menosprecio para los que no tienen una actitud positiva[40] (Béjar, 2018:17).

Esta perspectiva, vista desde la vida de las personas excluidas y empobrecidas acaba siendo una auténtica tiranía que les culpabiliza de su situación, desresponsabiliza al resto de la sociedad e incluso acaba patologi-

---

[39] Ronald Aronson. "The Privatization of Hope". *Boston Review*, 2016. Disponible en: https://www.bostonreview.net/articles/ronald-aronson-privatization-hope/

[40] Béjar. 17.

zando el dolor y el sufrimiento de las víctimas. Las personas y los pueblos oprimidos y excluidos, desde esta cosmovisión, acaban siendo responsables de su situación; o bien, son culpables de no vivir positivamente su sufrimiento. Esta actitud positiva tiene su despliegue teológico en las llamadas teologías de la prosperidad, que no aciertan a comprender el dolor del mundo en toda su profundidad.

El miedo que paraliza y divide, la banalización de la injusticia que naturaliza la cultura del descarte y nos hurta la conmoción con y por las víctimas, y el optimismo subjetivista que reduce la Esperanza a actitud, volviendo cruel destructor, no posibilitan construir la Esperanza desde las cunetas de la historia. Desvelarlas supone ya un ejercicio de construcción, pero nos queda habilitar los caminos que nos puedan hacer soñar con otro mundo posible, con un cielo nuevo y una tierra nueva en la que habite la justicia.

## CARTOGRAFÍA DE LA ESPERANZA

Rescatar y construir la Esperanza en un mundo tan complejo e incierto como el que vivimos requiere compromisos personales y comunitarios, exige lucidez histórica para poder activarla y encuentra su condición de posibilidad en una sólida espiritualidad para vivirla en profundidad. A continuación, vamos a dibujar una cartografía básica para la Esperanza. Son algunas vías necesarias para poder recrear la Esperanza en tiempos turbulentos e inciertos.

 

## BAJAR AL DOLOR DEL MUNDO: EL PRINCIPIO INJUSTICIA[41]

La Esperanza se relaciona con la posición y ubicación social y simbólica. Se trata de vivir y convivir en el "lugar que da verdad" (Ellacuría), para poder saborear el aroma de la realidad profunda y su dinamismo de transformación. La Esperanza no es un idea abstracta y gaseosa, la Esperanza tiene un aquí y un ahora, tiene que ser experimentada desde un lugar vital y social. El lugar no es simplemente la espacialidad de un territorio, el lugar es una ubicación hermenéutica que permite aprehender la realidad con sentido y significación. El lugar "que da verdad" es la ubicación desde la injusticia, desde el sufrimiento, porque no podemos "encontrar la paz, sin bajar al dolor" (Gloria Fuertes).

Especialmente relevante, para situar la Esperanza en este contexto de desigualdades y desesperanzas, es la amnesia social, cultural y religiosa que padecemos. Esta pretende encontrar la "salvación" en el olvido del sufrimiento y la exclusión, como hemos referido *más arriba*. Esta amnesia diseñada, oculta la historia de los "golpeados" como una historia no acontecida. Vivir el presente es un imperativo humano. Pero el presente no es mera concentración del instante, sino dinamismo tensional de un decurso vital dilatado hacia el pasado y estirado hacia el futuro. La Esperanza se despliega en espera, articulada en un proceso temporal que como memoria emerge en el futuro. La memoria peligrosa (Metz) es

[41] Este apartado está basado en Sebastián MORA. "Esperanza frente a la falta de horizontes". En *Cine y Teología en diálogo*, AAVV. Tirant humanidades, Valencia 2020.

 

presencia del sufrimiento sepultado, actualización del sufrimiento olvidado y palabra activa de los silencios apagados. Sin orientación a futuro no hay espera, pero sin memoria solo hay futuro para los vencedores de la historia. La memoria actualizada es "razón de los vencidos"[42] y Esperanza para los expulsados.

La fe no ofrece ningún consuelo barato y evasivo. La Esperanza brota desde los exilios y las periferias del mundo, porque Dios está acampado "fuera de la ciudad" (cfr. Hb 13, 11). La dimensión escatológica de la Esperanza que se manifiesta en Cristo requiere de la teología de la Cruz para no perderse en los idealismos abstractos y evasivos. La teología de la Cruz no es otra cosa que el reverso de la teología cristiana de la Esperanza. La teología de la Esperanza –cristología escatológica–[43] está abierta a la teología de la Cruz –escatología cristológica–[44].

Ahora bien, este realismo *kenótico* es una opción de leer y vivir la realidad desde los "costados de la vida". Como dice el papa Francisco en *Fratelli tutti*, "no es una opción posible vivir indiferentes ante el dolor, no podemos dejar que nadie quede a un costado de la vida. Esto nos debe indignar, hasta hacernos bajar de nuestra serenidad para alterarnos por el sufrimiento humano. Eso es dignidad" (FT, 68). Hay una ontología de la opción que te sitúa en un lugar en el mundo para hacer tuya la fragilidad de los demás y buscar un bien verdaderamente

[42] Reyes MATE. *La razón de los vencidos*. Anthropos, Barcelona 1991.

[43] Jürgen MOLTMANN, J. (1969). *Teología de la Esperanza*. Sígueme, Salamanca 1969.

[44] Jürgen MOLTMANN, J. (2010). *El Dios crucificado. La cruz de Cristo como base y crítica de la teología cristiana* (3rd ed.). Sígueme, Salamanca 2010.

común. "Toda otra opción termina o bien al lado de los salteadores o bien al lado de los que pasan de largo, sin compadecerse del dolor del hombre herido en el camino. La parábola nos muestra con qué iniciativas se puede rehacer una comunidad a partir de hombres y mujeres que hacen propia la fragilidad de los demás, que no dejan que se erija una sociedad de exclusión, sino que se hacen prójimos y levantan y rehabilitan al caído, para que el bien sea común". (FT, 67).

En el ámbito de la filosofía política las teorías de la justicia han ocupado gran parte de la reflexión, sin embargo, se ha escrito poco de la injusticia. Desde la publicación en los años 70 de la *Teoría de la justicia* de Rawls[45], los debates sobre la justicia han girado en torno a este autor. Sin embargo, estas teorías eluden la vida previa que surge desde el drama de la injusticia. Así como la justicia y sus promesas han ocupado cientos de páginas en la filosofía política, la injusticia ha pasado como un sucedáneo negativo de la justicia[46].

Cuando nos olvidamos del drama de la injusticia "desatendemos muchas cosas importantes dirigiendo la mirada solo hacia la justicia. El sentido de la injusticia, las dificultades para identificar a las víctimas de la misma y las muchas formas en las que todo aprendemos a vivir con las injusticias de los demás tienden a ser ignorados"[47]. Nos sentimos más cómodos con los

[45] Jonh RAWLS. *Teoría de la Justicia* (2nd ed.). FCE, Madrid 1997.

[46] Reyes MATE. *Tratado de la injusticia.* Anthropos, Barcelona, 2011. Judith SHKLAR. *Los rostros de la injusticia*. Herder, Barcelona 2013. Luis VILLORIO. "Sobre el principio de la injusticia: la exclusión". *ISEGORÍA. Revista de Filosofía Moral y Política*, 22, 2000.

[47] Judith SHKLAR. *Los rostros de la injusticia.* Herder, Barcelona 2013, 48.

 

modelos convencionales de justicia que se orientan a la imparcialidad, la racionalidad jurídica y la equidad. Pero estas orientaciones no permiten un acceso en profundidad a las diversas dimensiones de la injusticia y de sus víctimas.

Pretendemos escapar de la realidad del sufrimiento, eludir el rigor de la mirada y la vida compartida desde las cunetas de la historia. Tratamos de ocultarnos bajo la "ignorancia indiferente" (Tronto) o desde la "irresponsabilidad de los privilegiados" que evitan profundizar en la mirada social del sufrimiento y la injusticia. Estas actitudes no son más que "síntomas de una sociedad enferma, porque busca construirse de espaldas al dolor" (FT, 65).

Según Benedicto XVI, en *Deus caritas est*, la expresión "un corazón que ve" concentra el "programa del cristiano, el programa del buen Samaritano, el programa de Jesús" (DCE,1). No hay cristianismo sin mirada compasiva a los márgenes, a las cunetas del sufrimiento. En el Antiguo Testamento la primera revelación de Dios es muy explícita a este respecto. "He visto la aflicción de mi pueblo en Egipto; he escuchado el clamor ante sus opresores y conozco sus sufrimientos" (Ex 3, 7). Dios se conmociona con la situación de su pueblo. También el término *spalnjna*, que podemos traducirlo como la "contracción de las entrañas" por el padecimiento del otro, que aun siendo poco utilizado en los evangelios, ocupa un lugar central. Expresado en forma verbal –*splagkhnizomai*– aparece en las tres parábolas esenciales para comprender a Jesús como rostro de la misericordia de Dios: la parábola del siervo sin entrañas (Mt 18, 23-35), la parábola del hijo pródigo (Lc 15,11-32) y la parábola del buen samaritano (Lc 10, 29-37). No hay dinamismo social de la misericordia sin "conmoción de las entrañas"[48]. Hacerse cargo de la realidad del sufrimiento es un proceso ineludible para salir de nosotros mismos hacia la realidad de los descartados y su Esperanza. Porque hablar de Esperanza es "salir de nuestro propio amor, querer e interés" (S. Ignacio) para hacernos cargo de la realidad. Como dice el papa Francisco, refiriéndose a la parábola del buen samaritano, "la parábola nos advierte sobre ciertas actitudes de personas que sólo se miran a sí mismas y no se hacen cargo de las exigencias ineludibles de la realidad humana" (FT, 78).

En este sentido, con la mirada indignada comienza el proceso de transformación de la realidad, el primer hito de la Esperanza, porque "la inclusión o la exclusión de la persona que sufre al costado del camino define todos los proyectos económicos, políticos, sociales y religiosos (FT, 69).

## LA COMUNIDAD COMO EJE

Hace unos años, el Informe *Análisis y perspectivas*, de la Fundación Foessa, comenzaba con unas reflexiones que es interesante reproducir:

> "(...) en la evolución de nuestro marco social estamos construyendo una sociedad desligada, que destruye con cada vez mayor intensidad los vínculos o ligamentos por los que nos sentimos miembros, con derechos y deberes, de nuestra sociedad. Donde el individualismo exacerbado deja a la persona cada vez

[48] Sebastián Mora. *El dinamismo de la misericordia desde las sombras del mundo*. Frontera Hegian, Vitoria 2020.

más sola en su proceso de incorporación social, y ante los grandes cambios civilizatorios ha decidido ignorar su victimario"[49].

El modelo social, desde su "exacerbado individualismo" destruye los vínculos comunitarios, la ligazón humana que es la que nos permite vivir con las puertas abiertas del futuro. Solo la comunidad interdependiente y entrelazada construye un presente desde el futuro. Promover comunidad, hacer comunidad, inventar comunidad es, de forma directa, recrear la Esperanza.

Este individualismo, plantea el papa Francisco:

> "no nos hace más libres, más iguales, más hermanos. La mera suma de los intereses individuales no es capaz de generar un mundo mejor para toda la humanidad. Ni siquiera puede preservarnos de tantos males que cada vez se vuelven más globales. Pero el individualismo radical es el virus más difícil de vencer. Engaña. Nos hace creer que todo consiste en dar rienda suelta a las propias ambiciones, como si acumulando ambiciones y seguridades individuales pudiéramos construir el bien común" (FT, 105).

El individualismo es el "virus más difícil de vencer" y provoca atropellos crueles con los más débiles. El lema "sálvese quien pueda" acaba orillando a los más vulnerables, descartando a los frágiles y enterrando toda posibilidad de Esperanza. "El individualismo consumista provoca mucho atropello. Los demás se convierten en meros obstáculos para la propia tranquilidad placentera. Entonces se los termina tratando como molestias y la agresividad crece. Esto se acentúa y llega a niveles

[49] FOESSA. *Análisis y perspectivas 2018: Exclusión Estructural e Integración Social*. Cáritas-FOESSA, Madrid 2018, 30.

exasperantes en épocas de crisis, en situaciones catastróficas, en momentos difíciles donde sale a plena luz el espíritu del «sálvese quien pueda». Sin embargo, todavía es posible optar por el cultivo de la amabilidad. Hay personas que lo hacen y se convierten en estrellas en medio de la oscuridad" (FT, 222).

También, desde el ámbito religioso, hemos leído la Revelación cristiana en clave individualista y decimos experimentar la salvación en la intimidad de la sacristía. Sin embargo; el llamado de Dios es una invitación comunitaria ("Y constituiréis mi pueblo y Yo seré vuestro Dios" Ez 36,26). Como dice Benedicto XVI en *Spe Salvi*, "la vida verdadera hacia la cual tratamos de dirigirnos siempre de nuevo comporta estar unidos existencialmente en un pueblo y sólo puede realizarse para cada persona dentro de este nosotros" (SS, 14). Ese "gusto espiritual por ser pueblo", que le encanta decir al papa Francisco continuamente, es una condición de posibilidad de la Esperanza. O la Esperanza habla de un "nosotros" o no hablará, testimonia un "estar juntos en pluralidad" o no será testimonio, y mostrará una realidad comunitaria ya real o no será promesa de un mundo nuevo. El libro de los Hechos lo relata con total profundidad y sencillez: "los creyentes estaban todos unidos y poseían todo en común. Vendían bienes y posesiones y las repartían según la necesidad de cada uno. A diario acudían fielmente y unánimes al templo; en sus casas partían el pan, compartían la comida con alegría y sencillez sincera. Alababan a Dios y todo el mundo los estimaba. El Señor iba incorporando a la comunidad a cuantos se iban salvando" (Hc 2, 44-47).

Francisco asegura que crecer desde "abajo y de a uno" es una condición social para la Esperanza.

> "Es posible comenzar de abajo y de a uno, pugnar por lo más concreto y local, hasta el último rincón de la patria y del mundo, con el mismo cuidado que el viajero de Samaría tuvo por cada llaga del herido. Busquemos a otros y hagámonos cargo de la realidad que nos corresponde sin miedo al dolor o a la impotencia, porque allí está todo lo bueno que Dios ha sembrado en el corazón del ser humano. Las dificultades que parecen enormes son la oportunidad para crecer, y no la excusa para la tristeza inerte que favorece el sometimiento. Pero no lo hagamos solos, individualmente. El samaritano buscó a un hospedero que pudiera cuidar de aquel hombre, como nosotros estamos invitados a convocar y encontrarnos en un "nosotros" que sea más fuerte que la suma de pequeñas individualidades" (FT, 78).

Rebecca Solnit, en el libro titulado *Un paraíso en el infierno: las extraordinarias comunidades que surgen en el desastre*, analizaba la resiliencia comunitaria que surge tras las catástrofes. Afirmaba que "tras un terremoto, un bombardeo o una tormenta particularmente destructiva, la mayoría de la gente se comporta de manera altruista y se entrega inmediatamente al cuidado de sí misma y de quienes la rodean, sean vecinos, extraños o amigos y personas queridas. La imagen del ser humano egoísta, que sucumbe al pánico, que vuelve a un estado violento y salvaje durante una hecatombe, tiene muy poco de real"[50].

Su investigación empírica y los análisis de la sociología de las catástrofes le llevaban a dicha constatación. Para ella en contextos de riesgos extraordinarios se "abre una rendija a un mundo de nuevos yoes posibles,

[50] Rebeca Solnit, *Un paraíso en el infierno*, 23-24.

de un nosotros mejor. Cuando la normalidad se resquebraja y las rutinas del sistema se hacen añicos, la gente da un paso al frente –no toda, pero sí la gran mayoría– para hacerse guardián de su hermano"[51].

La Esperanza brota desde este paso al frente que provoca la resiliencia comunitaria, la vinculación humana que descubre, desde su profunda vulnerabilidad, la interdependencia constitutiva de lo humano.

## EL PROTAGONISMO DE LOS DESCARTADOS: LAS ESPERANZAS DE LOS EXPULSADOS

Pensar la Esperanza sin las personas desesperanzadas muestra el despotismo intenso de nuestras sociedades que siguen sellando la realidad sin la voz de los márgenes. La voz de las personas descartadas no puede ser la única voz; pero, sin duda, es una voz única que no puede ser reemplazada para comprender sus esperas, para construir la Esperanza. Las personas descartadas son ricos espiritualmente también, porque poseen sabiduría sobre la vida, aunque estén luchando por la supervivencia. Para tomarse en serio la Esperanza hay que partir de la experiencia de desesperanza de millones de personas expropiadas y descartadas, para que desde su vulnerabilidad y fragilidad social nos enriquezcan con su riqueza humana y espiritual que late en el centro de la injusticia y la desesperación.

Solo será posible un nuevo cielo y una nueva tierra con la participación de los expulsados. Aunque molesten, aunque ponga en vilo nuestro sistema de vida. Como dice el papa Francisco:

---

[51] SOLNIT, 25.

 

> "Con ellos será posible un desarrollo humano integral, que implica superar «esa idea de las políticas sociales concebidas como una política hacia los pobres, pero nunca con los pobres, nunca de los pobres y mucho menos inserta en un proyecto que reunifique a los pueblos». Aunque molesten, aunque algunos «pensadores» no sepan cómo clasificarlos, hay que tener la valentía de reconocer que sin ellos la democracia se atrofia, se convierte en un nominalismo, una formalidad, pierde representatividad, se va desencarnando porque deja afuera al pueblo en su lucha cotidiana por la dignidad, en la construcción de su destino" (FT, 169).

No podemos olvidar que los "ricos", los poderosos y bien posicionados tenemos pobrezas inmensas. Pobrezas de sentido, de visión y comprensión de la realidad.

> "Es decisivo dar vida a procesos de desarrollo en los que se valoren las capacidades de todos, para que la complementariedad de las competencias y la diversidad de las funciones den lugar a un recurso común de participación. Hay muchas pobrezas de los "ricos" que podrían ser curadas por la riqueza de los "pobres", ¡si sólo se encontraran y se conocieran! Ninguno es tan pobre que no pueda dar algo de sí mismo en la reciprocidad. Los pobres no pueden ser sólo los que reciben; hay que ponerlos en condiciones de poder dar, porque saben bien cómo corresponder. ¡Cuántos ejemplos de compartir están ante nuestros ojos! Los pobres nos enseñan a menudo la solidaridad y el compartir"[52].

La Esperanza no brotará desde las cunetas de la historia sin dar protagonismo a las personas descartadas. La

---

[52] FRANCISCO (2021). *V Jornada mundial de los pobres. "A los pobres los tienen siempre con ustedes"* (Mc 14,7). nº 6. Disponible en: https://www.vatican.va/content/francesco/es/messages/poveri/documents/20210613-messaggio-v-giornatamondiale-poveri-2021.html

Esperanza no se construye desde "formas ventrílocuas de representación"[53] donde somos nosotros los que hablamos en su nombre. No hay transformación profunda si seguimos manteniendo a las personas en exclusión en una situación de irrelevancia política. Como bien analiza Herzog "los excluidos se hallan en una posición de irrelevancia estructural como personas. Esto no significa que los excluidos como tema no sean relevantes para el resto de la sociedad. Simplemente no aparecen como relevantes para la creación de su propia identidad pública, sino como meros objetos de la misma"[54]. Sin la subjetivación de los descartados, sin la relevancia pública de sus voces la Esperanza es una canción idealista de los que vivimos instalados confortablemente.

Desde las cunetas de la historia emerge la posibilidad inédita de las resistencias sociales que son cantos abigarrados de Esperanza. Imogen Tyler[55] ha desvelado cómo las voces abyectas, condicionadas por su exclusión radical, son capaces de crear un "nosotros descartado" para promover el cambio social. La capacidad de resistencia existe al tiempo o dentro del contexto de dominación. La constitución de los sujetos a través de una categoría exclusógena no solo supone la construcción de "un otro descartado", sino la constitución de un "nosotros" como estrategia política de resistencia. El descarte social es una "fuerza de subjetivación y dominación, pero tam-

[53] Andrés GUERRERO. "El proceso de identificación: sentido común ciudadano, ventriloquía y transescritura". En *Etnicidades*, editado por Andrés Guerrero. FLACSO, Quito 2000, 9-60.

[54] Benno HERZOG (2009). "Exclusión discursiva. Hacia un nuevo concepto de exclusión social". *Revista Internacional de Sociología (RIS)*, 69(3), 2009, 618.

[55] Imogen TYLER. *Revolting Subjects. Social abjection and resistance in neoliberal Britain*. Zed Books, London 2013.

 

bién es un revulsivo para la revuelta y la resistencia de quienes se encuentran oprimidos/as a partir de una clasificación violenta que los produce como abyectos"[56].

Las personas superfluas no son meros *subjectus* –sujetos a la necesidad– o *subditus* –sujetos a la soberanía de otros–, son *subjectum* que hacen emerger voces emancipadoras en mitad de la barbarie. Tras las personas descartadas, hay agencia de Esperanza, hay sujeto esperanzado desde prácticas diversas que brotan de los márgenes. El descarte no tiene la única palabra y no es la última palabra, y nadie podrá dejar de escuchar las voces insólitas que brotan desde las cunetas de la historia para pensar, vivir y construir la Esperanza.

## MISTAGOGÍA HISTÓRICA

La Esperanza tiene la "virtud de la latencia" (Ximo García Roca) y necesita de finura espiritual para descubrirla y anticiparla. Pero, al mismo tiempo que su latencia, la Esperanza es una "virtud teologal subversiva" porque activa las energías humanas hacia la transformación social y moviliza la indignación hacía emociones de cambio. La Esperanza cristiana no es "evasión espiritualista" ni "pragmatismo utilitarista", es dinamismo enérgico de la realidad divina que nos lanza a esperar y acelerar la venida del Reino.

La Esperanza cristiana como virtud teologal trasciende la historia y reclama una iniciación al Misterio, una Mistagogía experiencial. Sin embargo, la situación espiritual de nuestra época transparenta una crisis de serenidad, sosiego y profundidad. Estamos construyendo una sociedad sin adentros, que se desliza imparable por las superficies sin lo-

[56] TYLER, 214.

grar entrar "más adentro a la espesura" (S. Juan de la Cruz). Vivimos en la cultura del surfista que va deslizándose sobre las crestas de las olas sin poder captar la profundidad de lo real. Como decía Michel Henry hemos perdido la capacidad de experimentarnos a nosotros mismos y por lo tanto la capacidad de experimentar al otro. Hemos caído en un régimen de actividad desmedida y hemos perdido la capacidad de atención. Somos una sociedad con un déficit escalofriante de atención en profundidad[57] que nos impide descubrir nuevos mundos en el mundo que vivimos. Atentos al instante, centrados en la productividad, en la explotación de uno mismo hasta el extremo, para habitar en las pirámides del tener.

La sordera con lo profundo de nuestro ser suele ser congénere de la sordera a los clamores de este mundo sin alma. Tillich, hace muchos años, nos alertaba de esta equivalente sordera.

> "Nuestros oídos están tan sordos a los gritos del estrato profundo de la sociedad como al clamor de la profundidad de nuestra alma. Abandonamos en la soledad a las víctimas sangrientas de nuestro sistema social, desatendiendo el grito de auxilio en el barullo de la vida diaria; igual que hacemos con nuestra alma atormentada"[58].

La Mistagogía de la Esperanza ancla su territorio en la historia desde una experiencia trascendente a la realidad y en la realidad. Emigra a lo profundo y a lo alto haciendo "aparecer lo nuevo bajo las condiciones de lo

[57] Byung-Chul HAN. *Vida contemplativa. Elogio de la inactividad.* Taurus Barcelona 2023.

[58] Paul TILLICH. *La dimensión perdida. Indigencia y esperanza para nuestro tiempo.* Desclée de Brouwer, Bilbao 1970, 114.

que existe" (Tillich). Sin esta experiencia en profundidad no podremos rescatar del olvido los surcos de Esperanza que transitan por los subterráneos de la historia. Cuidar la espiritualidad es esencial en un momento en que la realidad reclama con fuerza sorprendente custodiar a los otros, a nosotros mismos y a la creación. Ética, ecología y espiritualidad residen conjuntamente en el horizonte de la historia como presencia reanimada de un mundo preñado de Esperanzas.

La Mistagogía nos desinstala hacía lugares desconocidos para poder saborear la Esperanza en plenitud. Esos lugares están "fuera de la ciudad" (cfr Hb 13, 11). "La salvación a la que se refiere la Esperanza de la fe cristiana no es una salvación privada; la proclamación de la misma la lleva a cabo Jesús en una lucha a muerte con los poderes públicos de su época. El sitio de su cruz no es el *privatissimun* del ámbito individual-personal ni tampoco el *santissimun* de lo puramente religioso; se encuentra más allá del umbral de lo privado metido en su refugio o de lo puramente religioso amparado en lo seguro: su sitio está fuera"[59].

## CONCLUSIÓN

La escatología cristiana es "esperanza, mirada y orientación hacia adelante, y es también, por ello mismo, apertura y transformación del presente"[60]. Los creyentes cuando confesamos nuestra fe nos comprometе-

[59] Johann Baptist METZ. *Dios y el Tiempo. Nueva teología política*. Trotta, Madrid 2002, 17.

[60] Jürgen MOLTMAN. *Teología de la Esperanza*. 20.

mos a realizar y anticipar aquello que esperamos, la llegada del Reino.

Esta capacidad de anticipación es frágil e inestable porque hay auténticos cortafuegos para la Esperanza. El miedo como amenaza que aprisiona y la banalización de la injusticia y el optimismo cruel que nos promete vidas felices socavando nuestra condición humana, legitiman el estado de parálisis contra las injusticias. Nos acostumbramos a vivir con la barbarie y en la barbarie y caemos en un estado de impotencia colectiva que diviniza la vida en el valle de lágrimas para millones de personas.

Pero la humanidad esta amenazada de Esperanza porque en la Cruz y en la Resurrección hemos sido convocados a vivir en la alegría del Evangelio. Siempre que estemos dispuestos a bajar a los infiernos de la injusticia, a construir comunidad, a dar protagonismos a las voces y a las vidas que brotan de las cunetas de la historia, la Buena Noticia de la Esperanza acampará entre nosotros. Sabiéndonos sostenidos en la fuerza de la debilidad que el Espíritu nos regala, la pequeña niña Esperanza nos llevará de la mano a las cunetas de la historia para descubrir el "inédito viable" (Freire) que habita en ellas. El espacio histórico de la Esperanza se construirá "fuera", en las periferias de la vida, habitando con el dolor de los que sufren y esperando con las Esperanzas de los que luchan.

# II. La oración, fragua de esperanza

Siempre que a uno le piden trabajar sobre un tema específico, es una oportunidad para reflexionar, investigar y hacer consciente una realidad que, quizás tantas veces pasa desapercibida. Y es lo que ha ido acompañando la necesidad de afrontar este tema, que he trabajado como un reto para reflexionar y profundizar sobre un tema tan necesario siempre, sobre todo en tiempos de incertidumbre y crisis: la esperanza. En el proceso de preparación y elaboración de este texto me he sentido llevado, no solo a reflexionar la inseparable conexión entre oración y esperanza, sino que ha sido como un baño de conciencia y realidad en algo que es esencialmente necesario para la vida, y específicamente para la vida de fe. Mi propósito, se une al mismo del apóstol Pablo escribiendo a los cristianos de Roma: "El Dios de la esperanza os colme de todo gozo y paz en vuestra fe, hasta rebosar de esperanza por la fuerza del Espíritu Santo" (Rm 15,13).

## REFLEXIONES PREVIAS

Es cierto, y todos somos muy conscientes de ello, que la verdadera fuente, camino y meta de la esperanza cristiana es un don del Espíritu Santo que nos ancla en la Resurrección de Jesucristo y nos lleva a relacionarnos con Dios, al que podemos llamar Abba. En ello no solo nos ha insistido san Pablo, sino toda la tradición cristiana, que ha visto siempre en la esperanza una de las tres virtudes teologales que son expresión de la gracia, de la acción de Dios, de su Espíritu en nosotros.

Es una de las virtudes teologales que lo mismo que la fe y la caridad, es don de Dios, viene de Dios, su contenido es Dios y su fin es unir con Dios. Es un regalo connatural, propio de la persona humana, hecha a imagen y semejanza de Dios. Un regalo trascendente que nos supera a nosotros mismos y nos mantiene en permanente tensión y anhelo de una realización plena y que, a la vez, impide estancarnos en conquistas parciales. Su fundamento es Dios y su amor; su llamada y su poder; su veracidad y fidelidad. Por lo mismo, no puede fallar nunca (Rm 5, 2-5). Dirigida esencialmente a bienes invisibles se apoya en la fe, que es garantía de lo que se espera (Hb 11,1) y se nutre de la caridad que es el amor de Dios, infundido en nuestros corazones (Rm 5, 5). El Espíritu Santo es su fuente privilegiada que la ilumina y la fortalece. En el Espíritu tenemos plena confianza y seguridad en los bienes prometidos, es consuelo y fortaleza en las tribulaciones y ora como conviene en nuestro interior.

No hablamos simplemente de una virtud humana que necesitamos cuidar y potenciar, sino de un "don" gratuito que configura el modo de vivir cristiano a lo largo de la historia y sin el cual difícilmente nos empeñamos en un presente necesitado siempre de ser salvado. Es cierto que hay muchos signos de esperanza, que hay muchas razones que podemos recordarnos para vivir proyectados en la acción de manera positiva, y que en medio de tantas oscuridades y maldades hay muchísima bondad, belleza y bien; mucho más de lo que tantas veces somos capaces de percibir.

Y, sin embargo, aun cuando estuviésemos empeñados de una manera muy activa en la transformación de nuestro mundo, aunque estuviésemos rodeados de gestos y gente positiva, la amenaza constante de la desesperanza nos acompaña. Basta que se active en nosotros una especie de pesimismo ligado a las circunstancias personales, para que la tensión se rompa, para que dentro –a pesar de nuestro empeño activo– se forje una oscuridad destructora. No bastan los signos, no bastan las ideas o proyectos, no bastan las acciones positivas. Hay algo más que todos necesitamos cultivar para que seamos esperanza resiliente en el presente, y nos convirtamos de verdad en portadores de esperanza y de sentido.

Y aquí la radical importancia del tema que tenemos entre manos. No es un tema más el hablar de la esperanza, sino el TEMA sin el cual todo discurso sobre la esperanza permanecería como una realidad superficial y externa que, tal vez, puede ayudarnos, pero no es suficiente para transformar y sanar todo nuestro ser en la esperanza. Necesitamos beber y empaparnos de las fuentes inagotables de la esperanza cierta y eterna. Porque la esperanza reducida al ámbito de lo humano, antes o después, manifiesta su limitación y su ocaso.

Y aquí entra el tema de la oración: no como una práctica o simple disposición a que Dios nos dé lo que nos falta. No podemos negar ni la realidad que nos envuelve, ni la limitación que nos acompaña a cada uno. Correríamos el riesgo de lo que promueven ciertas espiritualidades "marihuana", que simplemente potencian una burbuja espiritual donde encerrarse e ilusionarse en una especie de "pensamiento positivo" alienante. Creo que san Pablo conjuga muy bien la realidad presente al afirmar: "*Alegres en la esperanza, firmes en la tribulación*" (Rm 12,12) Y, sin embargo, uno de los "pecados" que acompañan la realidad de tantos cristianos hoy –incluyendo muchos sacerdotes y consagrados– es la desesperanza y el pesimismo, que nos lleva a una especie de desilusión, de aburguesamiento. Y uno se pregunta el porqué de ello, especialmente en el contacto con comunidades religiosas que han dedicado toda su vida a la entrega a Dios, en el servicio o en la oración. ¿Qué ha funcionado mal? ¿Qué ha faltado en sus vidas, para que en el ocaso de la misma lo hagan desolados por la tristeza, la angustia, el pesimismo y la falta de esperanza? Uno mismo, a veces, ante tantas "calamidades", se deja fácilmente tentar por la tristeza, perdiendo de vista la verdad fundamental de ¡un presente ya salvado!

Es un tema crítico y fundamental. Hablar de esperanza es escandaloso y extremadamente peligroso, al igual que el misterio de la cruz, porque parece que obviamos lo concreto de un presente a veces tan oscuro. La jaculatoria "¡Ave cruz, spes única!" sigue sonando como una voz en el desierto, que nadie oye, ni quiere escuchar. Porque la esperanza pone en entredicho la autenticidad de nuestra fe y de nuestro empeño en el amor. Acertadamente lo expresaba así Benedicto XVI[1]:

> "Creer cristianamente significa este abandonarme con confianza en el sentido profundo que me sostiene a mí y al mundo, ese sentido que nosotros no tenemos capacidad de darnos, sino sólo de recibir como don".

Porque, al fin y al cabo la fe:

> "es adhesión a un 'Tú' que me dona esperanza y confianza", "es creer en este amor de Dios que no decae frente a la maldad del hombre", "es encontrar a este 'TÚ', Dios, que me sostiene y me concede la promesa de un amor indestructible que no sólo aspira a la eternidad, sino que la dona".

El papa Francisco en diversas ocasiones ha reflexionado también sobre la importancia de la esperanza a la que designa "como la más pequeña de las virtudes, pero la más fuerte". Una virtud tan necesaria en las circunstancias actuales, y que lejos de ser una cosa adquiere una dimensión profunda de encarnación: el rostro del Señor Resucitado, que viene «con gran poder y gloria»[2].

Este amplio preámbulo, simplemente apunta a que nos demos cuenta de la importancia que tiene una vida de oración de cara a poder crecer y vivir en la esperanza que no defrauda.

---

[1] PAPA BENEDICTO XVI en la Audiencia General, Plaza de San Pedro, miércoles 24 de octubre de 2012.

[2] PAPA FRANCISCO, Ángelus, 15 de noviembre de 2015.

 

Quisiera afrontar el tema desde tres perspectivas complementarias que nos ayuden a "entender" primero, para, después, hacerlo vida en nosotros:

Un primer punto lo titulo desde el enunciado que da pie a mi intervención: en la oración se fragua la esperanza, y donde pretendo que nos convenzamos de la centralidad de vivir la oración como encuentro con el Dios vivo, con Cristo presente, que es el único que puede llenarnos de esa esperanza. Es decir, la oración es la escuela de la esperanza, donde conocer a Dios, al Dios verdadero; configura el modo de ser de la persona. Sin entrar en esta fragua, difícilmente nuestra vida podrá ser modelada como la de Jesús. Es el espacio en que nos abrimos para que el Espíritu de Jesús actúe en nosotros y nos haga partícipes del don; es lo que experimenta la primitiva comunidad cristiana, junto con María; es lo que nos testifica experiencialmente el apóstol Pablo.

Un segundo punto, tras la certeza de que estamos frente a un lugar teológico fundamental, es descubrir en qué sentido la oración forja en nosotros las raíces de la esperanza, de la auténtica esperanza que se funda en que necesitamos descubrirnos infinitamente amados, salvados y resucitados.

Y, por último, un tercer punto que tomo en consideración, y que descubrimos solamente en el encuentro cara a cara con Dios: qué El no deja de confiar, de esperar siempre en mí, en nosotros. Una "experiencia de fe" que nos lleva a esperar y confiar plenamente en él, porque él nunca deja de confiar en cada uno de nosotros.

## EN LA ORACIÓN SE FRAGUA LA ESPERANZA

En la *Spe Salvi*[3], comentando el texto de Ef. 2, 12, y antes de proponer el ejemplo de la santa Bakhita como paradigma de vida en esperanza, leemos:

> "Llegar a conocer a Dios, al Dios verdadero, eso es lo que significa recibir esperanza. Para nosotros, que vivimos desde siempre con el concepto cristiano de Dios y nos hemos acostumbrado a él, el *tener esperanza, que proviene del encuentro real con este Dios,* resulta ya casi imperceptible".

¿Cómo esperar si no conocemos a Dios ni sabemos lo que significa recibir esperanza? ¿Cómo llenarnos de Él, si nuestro Dios, muchas veces, no es más que un concepto, una ideología, pero no es vida? Ciertamente, y esto es algo que también repite el papa Francisco, no podemos ser auténticamente creyentes sin ese encuentro personal, cara a cara con Dios. Esta es la oración de Jesús, y la oración que, por ejemplo, promueve la gran tradición cristiana desde san Agustín, reactivada y reformulada por Teresa de Jesús como un trato de amistad. Por eso el papa Benedicto nos recuerda en la *Spe salvi* que la oración es la escuela de la esperanza, y afirma:

> "Un lugar primero y esencial de aprendizaje de la esperanza es la oración. Cuando ya nadie me escucha, Dios todavía me escucha. Cuando ya no puedo hablar con ninguno, ni invocar a nadie, siempre puedo hablar con Dios. Si ya no hay nadie que pueda ayudarme –cuando se trata de una necesidad o de una expectativa que

---

[3] Papa Benedicto XVI, *Spe salvi*, (30 noviembre 2007), https://www.vatican.va/content/benedict-xvi/es/encyclicals/documents/hf_ben-xvi_enc_20071130_spe-salvi.html

> supera la capacidad humana de esperar–, Él puede ayudarme. Si me veo relegado a la extrema soledad (...); el que reza nunca está totalmente solo"[4].

Solo así podemos entender por qué la oración es la fragua de la esperanza, en cuanto que es el ejercicio activo de la vida de la fe. Ese sustantivo "fragua" adquiere aquí un valor muy particular, porque habla de proceso, habla de asimilación e identificación (del fuego con el hierro), de modelaje que no destruye, sino que forja desde dentro y se vuelve consustancial al hierro. El hierro no se moldea solo a fuerza de golpes: permanece imperfecto en sus formas, y corre el riesgo de quebrarse a pesar de su dureza: los golpes por sí mismos no son capaces de moldearlo. No es hacer o practicar la oración, sino vivirla. Abrir el fuelle que oxigena nuestro fuego interior.

Por ello, creo que el punto de partida es necesariamente dirigir la mirada a la oración de Jesús: él la vive como un encuentro con su Padre, un encuentro que va desvelando y fortaleciendo su identidad de Hijo Amado, y que le prepara para vivir y transmitir la esperanza. Jesús no es un super héroe de Marvell, sino que tiene que integrar y vivir desde su identidad la voluntad del Padre en un camino y proceso de oración-encuentro, que le capacita en su humanidad para vivir la plenitud de la esperanza. Como nos recuerda Santiago Silva, biblista y presidente de la Conferencia Episcopal chilena:

> "Jesús trasmite vida nueva que derrota la muerte, misericordia que vence el dolor, sabiduría y libertad

[4] Papa Benedicto XVI, *Spe salvi*, nº 32.

que se oponen al yugo asfixiante de la legalidad, esperanza que sustenta la alegría, paz que destrona la violencia. Y todo, porque le sostiene una relación del todo original con Dios: ¡es su Hijo amado! Los dirigentes de Israel y los discípulos de Jesús (...) van entendiendo que una imagen original de Dios se abre camino (...)"[5].

Es esa relación con Dios, con su Padre, lo que propiamente entendemos por oración evangélica, lo que le forja en su identidad: de hecho, en la oración de Jesús, y en las teofanías que experimenta (tanto en su bautismo como en la transfiguración) el núcleo central es siempre la perspectiva relacional de amor en clave paterno-filial, donde se descubre como el Hijo Amado, predilecto del Padre (Mt 3, 13-17; Mc 1, 9-11; Lc 3, 21-22; Jn 1, 29-34). Conciencia que activa y le dispone a la vida pública, al anuncio de una Buena Nueva que no se identifica con una revolución política y social, sino con una transformación profunda de los corazones. Y por eso resulta chocante, a la vez que iluminador, su discurso programático sobre la felicidad y la bienaventuranza, que expresan en lo concreto de la vida la dinámica de la esperanza cierta (Mt 5, 3-12; Lc 6, 20-23).

Lo mismo acontece en la oración-teofanía en el Monte Tabor, con la transfiguración: un encuentro cara a cara con su Padre, donde se ve confirmado en su identidad de Hijo Amado (Mc 9, 2 ss.; Mt 17, 1 ss.; Lc 9, 28-36). Y, que sabemos, es la preparación para iniciar su camino hacia Jerusalén.

---

[5] Santiago SILVA RETAMALES, "Introducción al Evangelio según Marcos", en Santiago Silva RETAMALES y Francisca SALINAS, Los *evangelios y el Carmelo*. PPC, Madrid 2021. 156-157.

Si Jesús, que era Dios y hombre a la vez, tuvo necesidad de alimentar su esperanza en ese encuentro personal e íntimo con su Padre, cuánto más nosotros. La oración de Getsemaní nos coloca en la disyuntiva de la vida, y de una oración que, en la total oscuridad, se fundamenta únicamente en la esperanza en Dios, en el Padre. Y de ahí recibe la fuerza para caminar hacia lo que "a toda razón" es lo peor que puede pasar (Mc 14, 32-52; Mt 26, 36-46; Lc 22, 39-46).

Pero la fuerza performativa de la oración no queda reducida simplemente a esos momentos ¡pocos! que nos señalan los evangelios. Donde emerge la singular efectividad del encuentro con el ABBA, es en la propia vida, y en su manera peculiar de testimoniar y transmitir el rostro de Dios en su vida y acciones. No es un simple ejercicio de bondad, sino una expresión de lo que llena realmente su corazón y su misión. En la experiencia creyente, Jesús es el resplandor de la gloria del Padre e impronta de su ser (Hb 1, 3). En Él se refleja el Padre en su totalidad (Col 2, 9). Por eso, para conocer al Padre necesariamente debemos profundizar en su experiencia de Dios. La misma a la que Jesús nos invita en esa relación directa y profunda con el Padre. Un conocimiento que no proviene de conceptos e ideas, sino principalmente del encuentro orante, directo e inmediato, de la persona con Dios, tal como el mismo Jesús ejemplifica en el transcurso de su vida. Solo conociendo al Padre se activa en nosotros la verdadera esperanza teologal, fundada y fundamentada en la experiencia de la bondad de Dios, dador de vida y de vida eterna.

La solicitud amorosa del Padre es casi siempre oscura y velada, pero está siempre presente envolviendo la existencia de toda criatura. Jesús lo percibe alimentando los pájaros del cielo y cuidando los lirios del campo (Mt 6, 25-34).

Dios es bueno con todos sus hijos e hijas. Lo importante para él son las personas; mucho más que los sacrificios del templo o el cumplimiento del sábado. Dios solo quiere su bien. Nada ha de ser utilizado contra las personas y, menos aún, la religión.

Este Padre bueno es un Dios cercano que quiere ser llamado Abba, y que se abre a una relación directa y personal con cada uno. Para Jesús, todo esto no es teoría. Dios es cercano y accesible a todos. Cualquiera puede tener con él una relación directa e inmediata desde lo secreto de su corazón. Jesús invita a vivir confiando en el misterio de un Dios bueno y cercano: "Cuando oréis, decid: ¡Padre!" (Lc 11, 2).

Este Dios cercano busca a las personas allí donde están. Él es de todos, "hace salir su sol sobre buenos y malos. Manda la lluvia sobre justos e injustos" (Mt 5, 45). Muchas veces habló Jesús de Dios como Padre bueno, pero nunca lo hizo con tanta maestría seductora con que describe en una parábola a un padre acogiendo a su hijo perdido (Lc 15, 11-32).

Cuando Dios es captado como poder absoluto que gobierna y se impone por la fuerza de su ley, emerge una espiritualidad regida por el rigor, los méritos y los castigos. Cuando Dios es experimentado como bueno, cercano y compasivo con todos, nace una espiritualidad fundada en la confianza, el gozo y la acción de gracias. Dios no aterra por su poder y su grandeza, seduce por su bondad y cercanía. Lo decía Jesús de mil maneras a los enfermos, desgraciados, indeseables y pecadores.

En el Jordán, Jesús no vive solo la experiencia de ser hijo querido por Dios. Al mismo tiempo, se siente lleno de su Espíritu (Lc 3, 21-22). Según el relato, del cielo abierto, "el Espíritu desciende sobre él". El Espíritu de Dios, que crea y sostiene la vida, que cura y da aliento a todo viviente, que lo renueva y transforma todo, viene a llenar a Jesús de su fuerza vivificadora. Jesús lo experimenta como Espíritu de gracia y de vida. Se siente lleno del Espíritu del Padre, no para condenar y destruir, sino para curar, liberar de "espíritus malignos" y dar vida. El Espíritu de Dios lo conduce a curar, liberar, potenciar y mejorar la vida. El evangelio de Juan lo resume poniendo en boca de Jesús estas palabras inolvidables: "Yo he venido para que tengan vida y la tengan en abundancia" (Jn 10, 10). Este rasgo es decisivo para captar la espiritualidad orante de Jesús y aprender de él a vivir la oración que engendra vida, y nos ayuda a "nacer de nuevo".

Porque cuando se acoge a Dios, cuando nos abrimos experiencialmente al encuentro con él en la oración, ya no es posible permanecer pasivos. Dios tiene un gran proyecto. Hay que construir una tierra nueva, tal como la quiere él. Hemos de orientarlo todo hacia una vida más humana, empezando por aquellos para los que la vida no es vida. A los que lloran, Dios los quiere ver riendo y a los que tienen hambre los quiere ver comiendo. Quiere que las cosas cambien para que todos puedan vivir mejor. Es la esperanza teologal que nos lleva a la acción concreta. Vivir la oración en y con Jesús es vivir cambiando la vida, haciéndola mejor y más humana, como la quiere Dios. Así dice Dios en el libro del Apocalipsis, como invitándonos a entrar en esa relación cercana con Él: "Al que tenga sed, yo le daré a beber gratis de la fuente del agua de la vida" (Ap 21, 6).

Cuando el Espíritu de Dios está vivo y operante en una persona, esa persona vive de alguna manera curando a los demás del mal que los puede esclavizar. Este fue el recuerdo que quedó de Jesús: "Ungido por Dios con el Espíritu Santo y con poder, pasó la vida haciendo el bien y curando a todos los oprimidos por el diablo, porque Dios estaba con él" (Hch 10, 38). Ungido por el Espíritu, es decir, configurado en el encuentro íntimo con él.

La experiencia de Dios, que surge de la oración-relación de Jesús con Dios, es la de un Padre que tiene en su corazón un proyecto integrador y humanizador para todos, sin exclusiones, una "mesa abierta" (Mt 22, 2-10). Y desde esa experiencia de Dios, plenamente esperanzadora, surgen en el Espíritu Santo las oraciones más profundas que nos transmite el evangelista Lucas: el Benedictus de Zacarías (Lc 1, 68-79), donde se canta la redención ya hecha presente; lo mismo María con el Magníficat (Lc 1, 46-55), capaz de ver la victoria y las consecuencias transformantes de la llegada del Mesías; y el mismo Jesús, que lleno del Espíritu, agradece al Padre el haberse manifestado a los pequeños (Lc 10, 21-24; cf. Mt 11, 25-27). Posiblemente estas oraciones, junto con la oración sacerdotal de Jesús en el capítulo 17 del evangelio de san Juan, sean las confirmaciones más determinantes de que la oración, el encuentro personal con Dios, genera y forja una esperanza resiliente, capaz de ver la victoria actuante de Dios en la historia, a pesar de todas las negatividades que siempre amenazan con ocultarlo.

## ORACIÓN QUE NOS ABRE A DESCUBRIRNOS AMADOS Y SALVADOS

Sin duda, hay un común denominador en esas oraciones evangélicas que hemos señalado: sus protagonistas, Jesús, María y Zacarías, viven alimentados de la esperanza que no delude y que nace de la conciencia despierta de que Dios los ama, y que ha salvado ya el mundo. Oraciones que emergen en ese espacio relacional, personal e íntimo con el dios de Jesucristo y en el Espíritu Santo.

Todos los cristianos sabemos que Cristo ha muerto y resucitado, que nos ha salvado y redimido. Pero la inmensa mayoría no es aún consciente de las implicaciones existenciales de estos hechos. O bien, es una proyección hacia el futuro –ligado a un comportamiento de vida–, o bien es algo que no se ha descubierto en su verdadero significado. Y no me refiero aquí a grandes reflexiones teológicas y cristológicas, o a la asunción teológica del principio de la justificación como un hecho, sino a la asimilación personal y comunitaria de este don que el Padre nos ha ofrecido ya en Jesucristo. Y que Pablo puede expresar afirmando:

> "En todo esto salimos vencedores gracias a aquel que nos amó. Pues también nosotros estamos seguros de que ni la muerte ni la vida ni los ángeles ni los principados ni el presente ni el futuro ni las potestades ni altura ni profundidad ni otra criatura alguna podrá separarnos del amor de Dios manifestado en Cristo Jesús, Señor nuestro" (Rm 8, 38-39).

Nos hacemos la idea de que, a pesar de tanto mal presente en la historia concreta, Dios llevará a cabo su victoria final, y asumimos –al menos teóricamente– afirmaciones evangélicas como "no temáis yo he vencido al mundo" y otros textos similares, pero sin dejar que conscientemente forjen en nosotros la verdadera esperanza. O caemos en la trampa de pensar en un Paraíso donde entrarán los buenos y los malos serán excluidos y condenados, casi como autoconsolándonos del dolor o de las injusticias sufridas, en una especie de proyección de venganza que Dios ejecutará. Pero esos textos, ¿nos convencen o solamente son una especie de "mantras" mentales que nos repetimos pero que en lo profundo no terminamos de creer? No es mi intención criticar actitudes cargadas de una muy buena voluntad, sino de ser sinceros con nosotros mismos y con los principios que fundan nuestra vida. Porque si estuviéramos convencidos existencialmente de esta "esperanza que no delude" seguramente no estaríamos viviendo situaciones límites y "escandalosas" como las que hoy se nos presentan en tantos ámbitos de la vida y de la vida intraeclesial. Es como el hijo que vive autoengañado en afirmar que sus padres le quieren mucho, pero en su interior sabe que nunca ha experimentado en verdad ese amor: no porque no lo haya recibido, sino, quizás, porque no ha tenido la capacidad de percibirlo. Y esa percepción no acontece en la distancia, sino en lo concreto de la vida misma y en la capacidad de abrirse a una relación empática y sincera.

De aquí la importancia de la oración-encuentro en la vida del creyente: porque es en ese espacio de intimidad –ciertamente no es ni puede ser el único– donde la conciencia se forja y empapa a la persona en todo sus ser y entrañas. El lugar donde acoger y vivir el don que en Jesucristo ya hemos recibido. Por eso, la raíz de la esperanza cristiana se desarrolla solo en la adhesión personal a Jesús.

> "Pero ahora se plantea la pregunta: ¿en qué consiste esta esperanza que, en cuanto esperanza, es «redención»? Pues bien, el núcleo de la respuesta se da en el pasaje antes citado de la *Carta a los Efesios*. Antes del encuentro con Cristo, los Efesios estaban sin esperanza, porque estaban en el mundo «sin Dios»"[6].

La esperanza, en cuanto virtud teologal, va más allá de las expectativas humanas. Y solo cuando el objeto de la esperanza es el mismo Dios, comienza a ser una auténtica virtud teologal. Por eso el evangelista Juan, al que podríamos designar también como el evangelista de la esperanza, nos invita constantemente a poner los ojos en el contenido esencial y existencial de nuestra esperanza. De otro modo la desilusión y la pérdida de esperanza pueden amenazar la vida del creyente. Para Juan, Jesús encarna todo lo que el hombre necesita para crecer en la esperanza.

Y así insiste constantemente en que somos sujetos de ese amor infinito por parte de Dios: "porque tanto amó Dios al mundo que dio a su Hijo único, para que todo el que crea en él no perezca, sino que tenga vida eterna. Porque Dios no ha enviado a su Hijo al mundo para juzgar al mundo, sino para que el mundo se salve por él" (Jn 3, 16-17). Por eso el que cree en el Hijo tiene ya la vida eterna (Jn 3, 36)[7]. Verdad que aparece ratifica-

---

[6] Papa Benedicto XVI, *Spe Salvi* n. 3.

[7] El Papa Benedicto XVI nos dice en *Spe salvi* n. 27: "Ésta es la vida eterna: que te conozcan a ti, único Dios verdadero, y a tu enviado, Jesucristo» (*Jn* 17, 3). La vida en su verdadero sentido no la tiene uno solamente para sí, ni tampoco solo por sí mismo: es una relación. Y la vida entera es relación con quien es la fuente de la vida. *Si estamos en relación con Aquel que no muere, que es la Vida misma y el Amor mismo, entonces estamos en la vida.* Entonces «vivimos»". (la cursiva es mía).

da como el proyecto mismo de Jesús y del Padre, cuyo deseo es que seamos uno, que vivamos el mismo amor que les une a ellos, y que su casa sea nuestra casa (cf. Jn 17; 13, 1; 19, 30).

La adhesión vital a Cristo (la que es posible vivir y asumir en la oración-relación con Él) nos ofrece la posibilidad de experimentar la realidad de aquello que Él mismo quiere ser para nosotros: agua viva (Jn 4, 14), pan de vida (Jn 6, 35), luz (Jn 8, 12), libertad (Jn 8, 36), vida eterna (Jn 8, 51), puerta (Jn 10, 9), pastor (Jn 11, 11), seguridad (Jn 10, 29), resurrección (Jn 11, 25), salvación (Jn 12, 47), y otros muchos más epítetos que vienen al encuentro de las necesidades del ser humano, y que lo liberan de los miedos, carencias y pesimismos existenciales.

Todos estos textos son una invitación a afianzarnos en Cristo cual objeto único de la esperanza. Si nos atenemos a la palabra del evangelio descubrimos que Él está siempre con nosotros, y por lo tanto nada ni nadie deberían alejarnos del horizonte esperanzador cristiano. Dios me salva, me ha salvado y no me deja nunca de su mano. La victoria ya está en su mano.

Y ahí comienzo a descubrirme en la perspectiva que todos los místicos señalan como el principal contenido y motor de la oración: darnos cuenta del infinito amor que ya hemos recibido de Dios; creados por amor, salvados por amor, acompañados por amor... Un amor que es siempre único y personal, además de infinito. Y que solo llegaremos a descubrir y saborear en el encuentro íntimo con Él.

Descubrirse y experimentarse a sí mismo en la relación con Dios como un ser infinitamente amado y ya salvado, potencia en nosotros el despliegue de todas nuestras capacidades humanas.

Uno es verdaderamente humano cuando vive libre y responsablemente su condición y la realización de la misma. Sin esperanza, sin motivación, sin deseo, todo ello puede atrofiarse o paralizarse. Por eso solo una esperanza radicada en la eternidad puede ser motor dinamizador inagotable de todas las energías y potencialidades humanas. Nuestro empeño en la vida va profundamente condicionado a nuestra esperanza. De aquí la necesidad de todo cristiano de revitalizar siempre su esperanza si quiere verdaderamente ser "signo" para el mundo. Nuestra santidad no se realiza sin vivencia de la esperanza.

Muchas son las motivaciones que tenemos para ser signos de esperanza, para vivir sin agotarnos ni deprimirnos, para vivir sin caras tristes ni amargadas; para vivir gozosos aún en medio de un mundo contradictorio. Perder de vista el don de Dios es vivir fuera de nuestra condición de "hijos de Dios", junto a la cual corremos el riesgo de olvidar que, porque hijos, ya hemos sido justificados y salvados (cf. Rm 3, 21-31; 5, 1-11).

Diversas afirmaciones de Jesús que encontramos en los evangelios se nos presentan como una invitación a esa mirada interior que se forja en la oración, y de la que necesitamos siempre para llegar al descubrimiento del don que ya hemos recibido. No en vano, frente a quienes cuestionaban a Jesús dónde encontrar o buscar el reino, Él les dice "el reino está en vosotros" (Lc 17, 20-25). O cuando Jesús afirma a sus discípulos que no les dejará huérfanos, y que el Padre y Él pondrán en nosotros su morada (Jn 14, 18-23).

Difícilmente nuestro corazón, junto con nuestra mente, se convencerán de tanto don, de tanto amor recibido, si no somos capaces de abrirnos a la experiencia de todo ello. Es la clave de la resiliencia de nuestra esperanza que se forja en el encuentro, en la conciencia de saberse acompañado, amado y salvado. Para Teresa de Jesús, maestra de oración, es la clave para que pueda forjarse en nosotros un verdadero discipulado y seguimiento de Cristo, y convertirse así en "siervos del amor". Es el espacio para descubrirnos ricos, sabernos amados, y poder construir la vida sobre la roca de esa esperanza cierta:

> "Es cosa muy clara que amamos más a una persona cuando mucho se nos acuerda las buenas obras que nos hace. Pues si es lícito y tan meritorio que siempre tengamos memoria que tenemos de Dios el ser y que nos crió de nonada y que nos sustenta y todos los demás beneficios de su muerte y trabajos, que mucho antes que nos criase los tenía hechos por cada uno de los que ahora viven (...) He aquí una joya que, acordándonos que es dada y ya la poseemos, forzado convida a amar, que es todo el bien de la oración fundada sobre humildad (...)".

Pues, ¿cómo aprovechará y gastará con largueza el que no entiende que está rico? Es imposible conforme a nuestra naturaleza –a mi parecer– tener ánimo para cosas grandes quien no entiende está favorecido de Dios.[8]

## ORAR PARA CONOCER AL DIOS QUE NO DEJA DE ESPERAR EN TI

Nos recuerda el evangelista san Juan en su primera carta que si nosotros amamos es porque Dios nos amó

[8] Teresa de Jesús, *Libro de la Vida*. En *Obras completas*. Monte Carmelo, Burgos 1997[8]. 77-78 (V 10, 5-6).

 

primero (1Jn 1, 19). Algo semejante podríamos decir en relación con la esperanza. Si nosotros esperamos, es porque hemos descubierto, hemos experimentado, que Dios nunca ha dejado de confiar en nosotros, en cada uno. Una paradoja frente a la cual una mayoría de cristianos afirmaría no estar de acuerdo. ¿Cómo va a confiar Dios en el hombre? ¿Cómo puede confiar y esperar Dios en mí?

Y, sin embargo, es –no solo lo que se deduce de toda la Historia de la Salvación– sino lo que los grandes orantes han descubierto de manera infalible. Es más, la razón de toda la historia de la salvación, de la mismísima redención (donde Dios se ha comprometido en totalidad) es porque, a pesar de todo, Dios no ha dejado de esperar en el ser humano, de esperar ser acogido, de esperar dejarse salvar, de esperar que seamos colaboradores activos en la construcción del Reino. Dios nos confía su "imagen" y su creación.

Un ejemplo paradigmático es el punto de partida que presenta Teresa de Jesús al trazar todo el camino espiritual en el libro de "Las Moradas", un camino de oración que nos abre a la conciencia y experiencia de quiénes somos verdaderamente en Dios y para Dios. Y desde las primeras líneas del *Castillo Interior* queda constancia de ello. Teresa toma como punto de partida de esta obra y del camino de la oración que nos propone, la presentación de aquello que verdaderamente somos, lo que nos define: el ser humano es en su interioridad, en su alma (es decir, en aquello que sustenta y rige su vida), un ser de una hermosura inigualable, un ser que lejos de carecer de sentido o de estar vacío por dentro, está habitado por el mismo Dios; un ser, en definitiva, que es imagen y semejanza de Dios. No se puede decir más de la grandeza y dignidad del ser humano en tan pocas líneas:

> "(...) para comenzar con algún fundamento: que es considerar nuestra alma como un castillo todo de un diamante o muy claro cristal, adonde hay muchos aposentos (...) Que si bien lo consideramos, hermanas, no es otra cosa el alma del justo sino un paraíso adonde dice Él tiene sus deleites. Pues, ¿qué tal os parece que será el aposento adonde un Rey tan poderoso, tan sabio, tan limpio, tan lleno de todos los bienes se deleita? No hallo yo cosa con que comparar la gran hermosura de un alma y la gran capacidad; y verdaderamente apenas deben llegar nuestros entendimientos, por agudos que fuesen, a comprenderla, así como no pueden llegar a considerar a Dios, pues El mismo dice que nos crió a su imagen y semejanza. Pues si esto es, como lo es, no hay para qué nos cansar en querer comprender la hermosura de este castillo; porque puesto que hay la diferencia de él a Dios que del Criador a la criatura, pues es criatura, basta decir Su Majestad que es hecha a su imagen para que apenas podamos entender la gran dignidad y hermosura del ánima"[9].

Cada ser humano, cada alma humana, es –según Teresa– el lugar donde Dios habita: es la morada de Dios, es el mismo Paraíso. Y Dios concede a cada uno la potestad de poseer las llaves de acceso a ese castillo que él ha elegido como su morada. Y ahí surge el planteamiento de Teresa, en cuanto a la raíz del mal que condiciona al ser humano: no conocemos nuestra hermosura, no sabemos que somos ricos...; y por eso no conocemos ni

[9] TERESA DE JESÚS, *Las Moradas del Castillo Interior*. En *Obras completas*, Monte Carmelo, Burgos [8]1997. 633-634 (1M 1, 1).

 

nuestra dignidad ni la de los otros. La solución al problema pasa necesariamente por adentrarse en el castillo, cuya puerta es la oración[10].

Pero esta esperanza de Dios en el hombre también pone de manifiesto otra señal de esa amor inmenso e infinito de Dios que ha querido necesitar del hombre para llevar a cabo su proyecto de instauración del Reino. Jesús, cuando instaura el Reino, nos muestra cómo actúa Dios por medio de una práctica en la cual aparece la misericordia en acción: es una práctica de comunión con los pobres y excluidos, de reconciliación con los pecadores, de convivencia con todos, particularmente con los marginados, sin excluir a los marginadores; de servicio indiscriminado a cada uno de los que encuentra[11]. "Jesús, en cuanto es «el Santo de Dios» (Mc 1, 24; cf. Hch 3, 14; Ap 3, 7), vive como hombre tan perfectamente su misión, en la que él cumple en el Espíritu Santo el encargo del Padre de revelar la esencia de Dios y su actitud respecto al hombre, que no solo revela en su condición humana material la inclinación de Dios por los pecadores y necesitados, sino también por entero las demás cualidades de Dios"[12]. De esta manera, Jesús nos revela de manera nueva el rostro de Dios:

> "Jesús no anuncia el reino de Dios, *el Señor*, sino el reino de Dios, *su Padre*. No es el señorío el que cualifica a la paternidad de Dios, sino que la paternidad

[10] Cf. ib. 637. 637 (1M 1, 2. 7).

[11] "Cuando Jesús admite a los pecadores a su mesa, los admite indirectamente a la comunión con Dios... Jesús identifica su comportamiento con el trato que da Dios a los pecadores. Jesús actúa en nombre de Dios. Algo muy próximo a la frase que leemos en Juan: «El que me ve a mí, ve al Padre» (Jn 14, 9)". W. KASPER, *El Dios de Jesucristo*. Sígueme, Salamanca 1985. 200.

[12] Hans Urs VON BALTHASAR, *Teológica*, vol. 2. Encuentro, Madrid 1997. 138.

> de Dios para con Jesús, el Hijo, cualifica al señorío y al reino que Jesús anuncia. Esto confiere una nueva cualidad al reino por él proclamado. Sólo existe el reino en el contexto de la paternidad de Dios. En este reino Dios no es señor, sino Padre misericordioso. En este reino no hay siervos, sino hijos de Dios. En este reino no se pide obediencia y sumisión, sino amor y libre participación"[13].

Y el hombre Cristo es el que revela esa condición nacida de la experiencia de saberse Hijo amado y predilecto: aparece revestido de una serie de valores, actitudes y obras, que caracterizan su ser delante de los hombres de su época. Y por eso, según percibimos en las diversas presentaciones evangélicas, es el ser de Jesús lo que ya impacta desde el primer momento de su vida pública. No es un hombre preocupado o atado a situaciones concretas, sino abierto a una obra esencial, que define todo lo que realiza: el anuncio y la instauración del Reino de Dios. Y es su ser lo que caracteriza este Reino y no tanto las grandes obras, hazañas o revoluciones que el pueblo esperaba del Mesías anunciado en el Antiguo Testamento. Y Jesús, en comunión orante y permanente con su Padre, se va dejando modelar por esos valores que lo convierten en el testigo de la esperanza. Esa esperanza a la que Él mismo nos invita, y a la que tenemos oportunidad de acceder si entramos en una relación personal con Él. Solo ahí se descubre lo que uno es para Dios, solo ahí surge con fuerza transformadora la conciencia de que Dios me necesita. Así resuena en palabras de Benedicto XVI:

[13] Jürgen MOLTMANN, *Trinidad y Reino de Dios. La doctrina sobre Dios*. Sígueme, Salamanca 1983. 86.

 

> "Así nos hacemos capaces de la gran esperanza y nos convertimos en ministros de la esperanza para los demás: la esperanza en sentido cristiano es siempre esperanza para los demás. Y es esperanza activa, con la cual luchamos para que las cosas no acaben en un «final perverso». Es también esperanza activa en el sentido de que mantenemos el mundo abierto a Dios. Sólo así permanece también como esperanza verdaderamente humana"[14].

## CONCLUYENDO

La esperanza teologal, en cuanto don de la gracia, es una virtud necesaria e imprescindible en la vida cristiana. No solo porque nos abre a la tensión escatológica a la que hemos sido predestinados, sino porque nos transforma e implica en el momento presente, dándonos la fuerza necesaria para convertirnos en constructores del Reino de Dios.

Pero no hablamos de una gracia que hay que esperar como caída del cielo, sino de una esperanza que se forja en el encuentro, en la apertura, en la amistad con Dios, con Jesús. Por eso solo la oración es la fragua de la esperanza.

---

[14] *Spe salvi*, n. 33.

# III. Espacios de co-esperanza que forjan sentido

Hablamos de esperanza porque sabemos y sentimos que es un elemento fundamental en nuestras vidas, en la de nuestras sociedades y comunidades. A pesar de ello, no siempre somos capaces de formularla. Es más, casi sin darnos cuenta, podemos llegar a vivir como si no tuviéramos esperanza, absorbidos por la tarea, por el ahora, por la superficialidad, como si no hubiera nada más que aquello que en cada momento vemos y tocamos, sin opción al cambio o al sueño.

Reflexionamos sobre la esperanza porque, aunque esta requiera siempre encarnarse, y no puede quedar en el mundo de las ideas, al pensarla, podemos reconocer cómo se concreta en el día, en nuestro contexto y en nuestra vida cotidiana. Al hacer el ejercicio de hablar y reflexionar sobre la esperanza, surgen nuevas preguntas que nos invitan a parar, dialogar, formular: ¿Aquello que vivimos hoy determina nuestro futuro? ¿Son posibles otros futuros? ¿Todo lo que podemos llegar a vivir es aquello que de forma individual imaginamos o hay opción a soñar con otras posibilidades?

No tenemos respuestas inmediatas a todas esas preguntas, más bien estamos llamados a sostenerlas, pero es posible aportar algunos elementos que nos ayuden ante esos interrogantes e incluso, nos sirvan de guía para dar pasos y avanzar en la construcción de esa esperanza que tanto anhelamos y necesitamos. A continuación, señalamos tres de esos elementos: identificar las coordenadas concretas para entender desde dónde hablamos cuando hablamos de esperanza; cuestionarnos sobre la posibilidad de encontrar, hoy, la esperanza, reconociendo qué nos ayuda y qué nos dificulta a hacerlo; la invitación a trenzar nuestra esperanza con otros y a construir espacios para protegerla y proyectarla.

## SITUAR LA ESPERANZA

> La esperanza es principio, porque el mundo
> aún no está concluso, porque los hombres
> estamos siempre en el camino y esperamos que
> lo mejor aún esté por llegar[1]
> Ernst Bloch

### EN LAS MUJERES Y HOMBRES DE HOY, AYER Y MAÑANA

Situamos la esperanza como una presencia constante en la realidad y en nosotros, distanciándonos de comprenderla como un elemento externo, como algo que está por llegar, la respuesta a un capricho o el ingrediente que añadimos a nuestra vida para cambiarlo todo de forma mágica, instantánea o a nuestro gusto.

---

[1] Ernst Bloch (Francisco Serra, ed.). *El principio esperanza*. Vol 1. Trotta, Madrid 2013. 14.

Decimos que somos esperanza, que la esperanza habita todo ser humano, que todas las mujeres y hombres (de hoy, ayer y mañana) somos capaces de conectar con la esperanza.

Nuestra propia historia personal nos puede ayudar a comprender la esperanza como capacidad humana, porque tiene más de experiencia que de teoría. Es muy posible que, si hacemos memoria, podamos recordar alguna ocasión en la que, sin esperarlo, descubrimos un signo de esperanza, o en la que hemos visto, escuchado e incluso intuido, cómo otras personas, en medio de una realidad concreta y contra todo pronóstico, encontraron la esperanza y se conectaron a vivir desde ella. Es probable que, al hacer ese ejercicio, reconozcamos con sorpresa cómo hay personas que son capaces de agarrarse a la esperanza, sosteniéndola y dejándose sostener por ella.

## EN LOS ANHELOS Y PROYECTOS DE OTRO MUNDO POSIBLE

Dentro de la persona la esperanza la situamos en el corazón, en el lugar de nuestros deseos profundos, en contacto con todo lo que somos y vivimos. Conectar con la esperanza requiere ir al fondo (se aleja del optimismo superficial) y desde ahí, habla de nosotros, de todo aquello que no nos atrevemos a decir en voz alta pero que late en nuestro interior.

En esta línea, Darío Mollá[2] afirma que la esperanza humana está relacionada (más tarde diremos trenzada)

[2] Darío MOLLÁ. "Dinámicas de esperanza para una sociedad en crisis". *Cuadernos Centro Arrupe* 2 (2014-2015). 7.

con dos sentimientos que habitan en lo más hondo de nosotros mismos: el amor y el anhelo de justicia.

En primer lugar, el amor, porque la esperanza tiene que ver con permanecer, con esperar, cuando otras personas en las mismas circunstancias no lo harían. Permanecer por amor es algo que aprendemos de Dios, que nunca abandona su creación, y de Jesús, quién también es de permanecer, especialmente con las personas que habitan los márgenes (Jn 4, 5-42; Mc 10, 46-52; Lc 8, 43-48). Permanecer por amor es lo que mantiene cerca de la puerta al padre en el relato del hijo pródigo (Lc 15, 11-32), a las mujeres al pie de la cruz (Jn 19, 25-27) y a María Magdalena cerca del sepulcro (Jn 20, 11-16). En todos los casos, se trata de una permanencia activa y atenta a lo que está por llegar.

En segundo lugar, el anhelo de justicia, porque la esperanza tiene que ver con reconocer que la muerte no tiene la última palabra y con no dar por definitivo aquello que se está viviendo. La esperanza dibuja un horizonte en el que es posible acabar con el sufrimiento injusto y con las estructuras (personales, comunitarias y sociales) que lo sostienen, un horizonte de vida buena para todos. Porque no solo se trata de resistir, de mantenernos a flote, la esperanza nos mueve al intento, a trabajar por el cambio y la transformación, a preguntarnos y optar por el mejor mundo posible.

Ese movimiento nos llevará por caminos desconocidos, insospechados, en los que "gastar la vida"[3] y en los que la única certeza es la presencia de Dios.

[3] "Gastar la vida" es un poema del jesuita Luís ESPINAL.

### EN DIOS

Para los creyentes la esperanza está ligada a Dios, concebido como presencia activa en la historia (en toda la historia y en todas las historias) que a través de su Espíritu alienta la vida. De Dios recibimos la esperanza como don, como regalo, y también como tarea, porque estamos invitadas a cuidarla, alimentarla y protegerla. Somos interpelados a seguir los pasos de Jesús quién encarnó el proyecto de esperanza de Dios, haciéndolo vida con una forma concreta y novedosa de estar en el mundo (relacionarse, escuchar, tocar, mirar) que lo llevó a la muerte en cruz pero, también, a atravesar la historia con la resurrección.

Situada la esperanza en esas coordenadas (en el ser humano, en el corazón y alentada por Dios) y recogiendo la llamada a encarnar y cuidar la esperanza (a trenzar la esperanza), damos ahora un paso más, miramos hacia afuera, hacia nuestros contextos. Al hacerlo, sobre todo cuando lo hacemos desde dentro de la realidad, con los pies en el suelo y la mirada en el mundo, algunas cuestiones aparecen con fuerza: ¿Es posible encontrar la esperanza en nuestro mundo? ¿Cómo cuidarla, encarnarla, proyectarla?

## ENCONTRAR LA ESPERANZA HOY

Después de haber hablado de la esperanza como elemento constitutivo del ser humano parecería que no es pertinente preguntarnos por la posibilidad de encontrar o no la esperanza, porque la respuesta debería ser sí; siempre es posible encontrar la esperanza. Pero cuando miramos la realidad no parece que la respuesta sea tan clara, en especial cuando escuchamos noticias que nos hablan de hechos como: el incremento del número de suicidios[4]; el que haya lugares de nuestro planeta en los que es imposible la vida lo que obliga a millones de personas a tener que dejar sus hogares[5]; que empecemos a hablar de la ecoansiedad como enfermedad[6] (entendida como el temor crónico ante un desastre natural); otras muchas situaciones que reflejan cómo vivir se hace, para muchas personas, cada vez más difícil. Mirando la realidad parece que la esperanza se esconde, algo que nos lleva a más preguntas: ¿Qué tiene la realidad para que eso ocurra? ¿Qué tiene nuestro mundo para que la esperanza parezca ocultarse?

## EN LA INCERTIDUMBRE

Decimos que nuestro mundo es líquido, esta es la expresión que el sociólogo Zygmunt Bauman[7] utilizó ya hace dos décadas para definir un mundo dónde los cambios se producen de forma constante, acelerada y global. Con pocos elementos a los que aferrarnos, como podrían ser los valores compartidos o ciertas instituciones, que

[4] Julia F. CADENAS. Newtral. "Radiografía del suicidio en España". Fecha de última actualización 23 de enero de 2023. https://www.newtral.es/suicidio-espana/20230130/

[5] CEAR y Greenpeace. "Huir del clima Cómo influye la crisis climática en las migraciones humanas". https://www.cear.es/wp-content/uploads/2021/10/informe-huir-del-clima.pdf

[6] Leticia DOMÍNGUEZ. "Qué es la ecoansiedad y cuáles son sus síntomas". La Vanguardia. https://www.lavanguardia.com/magazine/psicologia/20221223/8645081/que-ecoansiedad-cuales-son-sintomas-pvlv.html

[7] Zygmunt BAUMAN. *Modernidad líquida*. Fondo de Cultura Económica de España, Madrid 2016.

nos ofrezcan estabilidad o sensación de ella. Un mundo en el que todo puede pasar, afectándolo todo, el ejemplo contemporáneo más claro es la pandemia del coronavirus, y donde las personas nos reconocemos expuestas a sucesos que son, cada vez más, de orden global. Utilizando una metáfora del jesuita Josep Maria Pañella[8] aplicada a la dinámica de la sociedad actual, es como si viviéramos en un tiovivo que va creciendo en velocidad, acelerándose y haciendo difícil que las personas que están montadas en él no acaben saliendo disparadas y cayendo a causa de la fuerza centrífuga, en especial, si por alguna razón no pueden agarrarse a un asidero porque no disponen de fuerza para hacerlo o porque no solo han de mantenerse a sí mismas, sino que hay otras personas que dependen de ellas y a las que no quieren soltar.

La segunda característica que atribuimos al mundo en el que vivimos nos la aporta la reflexión de Boaventura de Sousa Santos[9], sociólogo portugués contemporáneo, y es la incertidumbre. Nuestro mundo no es solo líquido y cambiante, también es incierto. Dice este autor que en contextos de incertidumbre, las personas vivimos transitando entre el miedo y la esperanza. Pero añade que, hoy hay cada vez más personas que ya no pueden hacer ese tránsito y que se quedan "atrapadas" en uno de esos dos polos, viviendo:

- *Sin esperanza y con miedo.* Personas y grupos que sienten que la realidad se impone, sin que haya nada

[8] Viqui MOLINS y Assumpta SESMA "Testimonis entre els pobres. Recordem: Joan Lluís Casanovas i Josep M. Pañella". *Col·lecció Testimonis* 2. Secretariat per la marginació de Barcelona. 2008. 43.

[9] Boaventura DE SOUSA SANTOS. "La incertidumbre, entre el miedo y la esperanza". *El Viejo Topo* 346, 2016. 48-53.

que dependa de ellas: nacidas en países con conflictos bélicos que duran varias generaciones, expulsados de su lugar de origen por razones de explotación del suelo, desplazados por causas que tienen que ver con desastres naturales. En la imagen del tiovivo a la que nos referíamos antes serían los que tiene que mantenerse en él pero sin tener asideros, quedando a merced del movimiento.

- *Con esperanza y sin miedo*. Personas y grupos que sienten que no hay nada que pueda limitarlas, que no hay nada que no dependa de ellas. Podrían ser los que disponen de recursos suficientes para cubrir todas sus necesidades, los que pueden tomar decisiones sobre cómo y dónde vivir o los que tienen acceso constante a la tecnología y a todos los servicios y productos que son fruto de ella. Tener todo eso a su alcance, a nuestro alcance, lleva a convencernos de que todo es posible, que podemos con todo, que no necesitamos a nadie más, ni a Dios (al que podemos olvidar), ni a la creación (a la que maltratamos), ni a los demás (de los que prescindimos, en algunos casos, dejándolos morir). Volviendo al tiovivo serían aquellas que además de poder disponer de asideros, pueden elegir y comprar el lugar más adecuado para ellas e, incluso, decidir la velocidad a la que girar en base a sus necesidades.

  Esta esperanza sin miedo es una esperanza falsa, puesto que se fundamenta en las propias fuerzas y es "particular", una esperanza para "socios" utilizando palabras del papa Francisco[10], que no está ligada ni al amor ni al anhelo de justicia, que no es un regalo sino una adquisición.

---

[10] PAPA FRANCISCO, Encíclica *Fratelli tutti*. 104.

Es posible intuir que el número de personas que viven sin esperanza y con miedo supera con creces al de las que viven con esperanza y sin miedo, la razón es la forma en la que se distribuye el poder económico y político en el mundo actual. Pero, ¿es posible revertir esta situación, es posible que haya un trasvase de la esperanza y del miedo que haga posible una vida digna para todos? ¿Es posible que en el tiovivo todas tengan sitio? ¿Es posible limitar la velocidad del sistema para que nadie sea expulsado a los márgenes?

No se trata de anular el miedo como emoción humana, ya que como tal cumple la función de protegernos del peligro, se trata de evitar que el miedo "ocupe todo nuestro horizonte" para "convertirse en cultura"[11]. Se trata de generar una cultura de la esperanza, en la que sea la esperanza la que ocupe los espacios que habitamos o de construir más espacios para la esperanza.

## LIBERAR LA ESPERANZA

En este punto tomamos la propuesta de Jurgen Moltmann, teólogo protestante alemán, que nos habla de liberar la esperanza[12] de lo que él denomina las amenazas y las falsas promesas de los tiempos modernos y que identifica con dos fuerzas que actúan en dirección opuesta: el miedo a que el mundo se hunda en el caos –

[11] Imanol ZUBERO "Compartir los miedos, practicar la esperanza". *Corintios XIII* 175, 2020. 71-88.

[12] Jürgen MOLTMANN "Liberating and Anticipating the Future". En *Liberating Eschatology. Essays in Honor of Letty M. Russel* dirigido por Margaret A. FARLEY y Serene JONES, Westminster John Knox Press, Louisville, Kentucky. 1999. 189-209.

dado que el ser humano es caótico por naturaleza –y la convicción de que todo va ir bien, siendo innecesario esperar nada del futuro– dado que la ciencia y la tecnología nos llevarán al progreso, a la perfección y a la realización–.

Tenemos la tarea de liberar la esperanza de esa tensión, de esa dinámica que la oprime y la oculta, y que a nosotros nos nubla los sentidos y el horizonte, que nos mueve a la pasividad y nos deshumaniza. Para hacerlo, el primer paso es identificar cómo se concretan las amenazas y las falsas esperanzas en nuestro contexto y reflexionar sobre qué dinámicas alternativas podemos cultivar, promover y alentar.

Señalamos cuatro de esas concreciones, sabiendo que existen otras, y reconociéndonos personas esperanzadas, apuntamos para cada una de ellas una clave, un antídoto, que puede ayudarnos a desactivarlas, a enfrentar el reto de liberar la esperanza:

- *La amenaza de la distopía y el antídoto de la utopía.* Cuántos relatos distópicos escuchamos hoy, en especial en la ficción que se recoge en novelas, cine o series. Proliferan las narraciones sobre un futuro en el que el mundo será mucho peor del que tenemos ahora, sobre el colapso inevitable, sobre el fin de la historia. Se suele señalar como motivo de ese mañana que imaginamos fatídico y terrible y, que no se merecen nuestros hijos e hijas, la incapacidad del ser humano para cuidar la creación y poner límites al crecimiento insostenible. No faltan datos reales que nos hagan pensar en que la realidad puede ser parecida a la ficción (los efectos del cambio climático y los desastres naturales son un buen ejemplo), por lo que el mensaje va calando, pero no lo hace de una forma constructiva que movilice hacia el cambio y la responsabilidad, más bien lleva a asumir que nuestro futuro está determinado y que es por nuestra culpa, generando una angustia existencial paralizante.

Frente a estos relatos que determinan y estrechan la realidad, necesitamos recuperar una mirada compasiva, detallada y comprometida –una mirada trinitaria–, que permita intuir un horizonte abierto y bueno hacia el que caminar. Frente a los relatos distópicos necesitamos formular utopías y hacerlo con otros, con los que nos unimos para trabajar, en el presente, por el futuro. Es relevante tener en cuenta, tal y cómo apunta el teólogo Pepe Laguna[13], que a pesar de la bondad inherente de los relatos utópicos y alternativos, habrá quién los reciba con condescendencia, especialmente aquellos que no tienen miedo ni necesitan esperanza.

- *La falsa promesa de "nos van a salvar" y el antídoto de la humanidad.* Decíamos que las distopías que consumimos se nos presentan en ocasiones como el castigo a la irresponsabilidad del ser humano y, en algunos casos, se apunta a que solo nos puede salvar de ellas una autoridad o un héroe que acuda en nuestra ayuda y nos tutele hasta el fin de los días. Se nos invita a creer que hay algo o alguien que nos puede salvar e incluso, se llega a identificar ese algo con el progreso, con la ciencia, con la tecnología,

[13] José LAGUNA "Hacerse cargo, cargar y encargarse de la realidad. Hoja de ruta samaritana para otro mundo posible". *Cuadernos de Cristianismo y Justicia* 172, 2011. 11.

 

con la inteligencia artificial. En algunos relatos aparece una fuerza externa que, desde fuera y desde lejos, nos ofrece –o nos vende– lo que a priori parece esperanza pero que no tiene que ver ni con el amor, ni con el anhelo de justicia.

Liberar la esperanza tiene que ver con ser lo que somos, con reconocer la humanidad y la esperanza que nos constituye, con redescubrir nuestras capacidades para generar y construir alternativas. En definitiva, en lugar de propuestas deshumanizadas y deshumanizadoras, necesitamos reconocernos y reconciliarnos con nuestra humanidad, con el hecho de ser "seres abiertos al futuro, que actuamos sobre las condiciones del presente con la expectativa de construir un mañana mejor"[14].

- *La amenaza del "sálvese quien pueda" y el antídoto del "nosotros".* Prepararse para el fin del mundo nos lleva a la supervivencia más básica, al "sálvese quien pueda", a buscar asegurarse la salvación, la mía y la de los míos –que cada vez son menos– o, como mínimo, a hacer lo posible porque el sufrimiento sea el mínimo. Ante esa inercia surge la posibilidad de lo que diversos autores explican como "privatizar la esperanza"[15]: si no hay esperanza para todos, al menos que la haya para mí y para mi familia. Algo que choca frontalmente con la forma cristiana de mirar el mundo y que encaja con la dinámica de un mercado que encuentra negocio en cualquier espacio posible.

[14] ZUBERO "Compartir los miedos, practicar la esperanza". 86.

[15] ZUBERO "Compartir los miedos, practicar la esperanza". 86.

 

La privatización y comercialización de cualquier bien o valor, conlleva negárselo a todos aquellos que están fuera del mercado, a "los descartados"[16] utilizando las palabras del papa Francisco, a las víctimas de la injusticia. Por ello, solo podemos liberar la esperanza si no dejamos a nadie fuera de ella, actuando desde el "nosotros", recuperando los valores de la interdependencia, de lo comunitario y de lo colectivo.

- *La amenaza del nihilismo y el antídoto del sentido.* En un contexto en el que nada tiene sentido, todo lo que vaya más allá del hoy deja de existir o tener valor. El nihilismo entierra el mañana, nos hace incapaces de intuir el futuro y nos sitúa en un presentismo que no nos permite alzar la mirada. Por el contrario, la esperanza nos invita a reconocer que no lo sabemos todo, que la historia está en movimiento, que lo inmediato no es lo único posible e, incluso, que nuestra acción tiene efecto en ella. La esperanza nos abre a la posibilidad y a la responsabilidad de lo que hagamos y de lo que no hagamos.

Llegamos hasta aquí habiendo situado la esperanza y descubierto algunas dinámicas que pueden dificultar que la reconozcamos o que pueden ocultarla, pero seguimos convencidos de nuestra capacidad para conectar con ella. Esto nos lleva a dar un paso más para acercarnos a tres elementos que pueden ayudarnos en la tarea de cuidar, sostener y alimentar la esperanza: trenzar la esperanza, hacerlo con otros, crear espacios.

[16] PAPA FRANCISCO, Encíclica *Fratelli tutti*. 2.

 

## TRENZAR LA ESPERANZA

La esperanza en el futuro no significa meramente
confianza en él, sino trabajo en el sentido
de la construcción de ese horizonte emancipador[17].
Ernst Bloch

Decíamos al inicio de esta reflexión que la esperanza es un don y un regalo presente en la realidad, que no es una conquista, pero que también conlleva una tarea en tanto que somos responsables de liberarla. Si lo hacemos, será más accesible para otras personas que, quizá, en este momento concreto no pueden percibirla, de la misma forma que en otro momento alguien la hizo más accesible o visible para nosotros. En palabras del papa Francisco "la esperanza es un impulso en el corazón"[18] que nos lleva a comprometernos, a intervenir, a implicarnos y complicarnos la vida a pesar de no saber el resultado que conseguiremos, si lo habrá o si será lo que imaginamos. Estamos llamados a convertirnos en agentes, en testigos o en obreros de la esperanza.

Una forma de ponernos manos a la obra en nuestro trabajo por y para la esperanza es trenzándola para hacerla más fuerte. Tal y como nos apunta el diccionario, una trenza es un "conjunto de tres o más ramales que se entretejen, cruzándolos alternativamente"[19]. Por ello, si hablamos de trenzar la esperanza tenemos que saber qué elementos podemos entretejer. Apuntamos algunas posibilidades, todas ellas compatibles:

---

[17] BLOCH, 15.

[18] PAPA FRANCISCO. Audiencia General (27 de septiembre de 2017). 2.

[19] DICCIONARIO DE LA REAL ACADEMIA DE LA LENGUA, s.v. "trenza".

- *Presente, pasado y futuro.* Al trenzar la esperanza unimos el presente con el futuro –que todavía no vemos pero que reconocemos ligado a la acción de hoy– y con el pasado –en tanto que lo que vivimos hoy tiene que ver con lo que otros hicieron ayer–. Creemos que la esperanza nos permite ver lo que hay de continuo en la historia porque nos ayuda a superar el presentismo y la inmediatez, porque nos lleva a agradecer la herencia recibida y reconocer que lo que conseguimos se construye sobre los intentos, los éxitos y los fracasos de aquellos que tuvieron esperanza y porque proyecta nuestra acción hacia el futuro, más allá de lo que vemos, responsabilizándonos respecto a las generaciones futuras, a las que podemos dejar un legado de esperanza.
- *Nosotros, otros, Dios.* Otra expresión del Papa es que "la esperanza necesita cuerpo"[20], que esperamos porque alguien nos enseñó a esperar. Trenzar la esperanza tiene que ver con generar alianzas. Nos referimos a la gran alianza de la que participamos Dios y la humanidad, pero también a nuestras alianzas cotidianas, las que tejemos con otros para generar proyectos, las que sostienen la vida, las que construyen comunidad. Al trenzarnos con otros estamos reconociendo nuestros límites, cultivamos la humildad y abonamos la esperanza, porque quien lo tiene todo no espera nada.

  Trenzar nuestra esperanza con otros y con Dios nos ayuda a resistir los zarandeos inevitables de la vida y de la historia y también los evitables, porque trenzar

[20] PAPA FRANCISCO. Audiencia General (8 de febrero de 2017). 2.

la esperanza hoy tiene algo de contracultural y profético y por tanto, nos puede poner en peligro. Un ejemplo de esto lo encontramos en el documental "La Carta"[21], que narra un encuentro del papa Francisco con personas comprometidas con el cuidado de la casa común en diferentes lugares del planeta. Entre ellas, aparece el cacique Odair "Dadá" Borari, un líder de la comunidad de Novo Lugar del pueblo Borarí de Pará (Brasil), que explica lo relevante que es para él unir su esperanza a la de otras personas de diferentes lugares del planeta y como eso alienta su resistencia y diluye, en parte, el miedo a morir asesinado a causa de su activismo.

- *Individual, comunitario y social.* Cada uno de nosotros proyectamos nuestras esperanzas de forma personal y por lo tanto diversa. De hecho, es un signo de madurez y responsabilidad preguntarnos por nuestras esperanzas y formular las propias utopías y anhelos de corazón. Pero también sabemos que solos podemos poco y que estamos llamados a trenzar esperanzas con otros, generando comunidades de esperanza. Nos ilumina en este punto hacer memoria de Dorothy Day y del proyecto impulsado por ella en Estados Unidos a partir de los años 30 del siglo XX, el Catholic Worker[22]. Esta mujer, movida por el deseo de defender a los trabajadores más pobres, llegó a construir una comunidad de hospitalidad que evolucionó en un movimiento internacional con más de 300 casas de acogida. Ella

[21] Nicolas Brown (Director). *La carta. Un mensaje para nuestra tierra*, 2022. (Documental: video online) Off the Fence y Movimiento Laudato Si'.

[22] Catholic Worker Movement. https://catholicworker.org/

 

misma recogía así ese anhelo esperanzado que trenzó con el de otros:

> "Lo que nos gustaría hacer es cambiar el mundo, hacerlo un poco más simple para que las personas se alimenten, vistan y cobijen como Dios quiso que lo hicieran. Y en cierta medida, luchando por mejores condiciones, clamando incesantemente por los derechos de los trabajadores, de los pobres, de los indigentes, los derechos de los pobres dignos e indignos, por así decir, podemos en cierta medida cambiar el mundo; podemos trabajar por el oasis, la pequeña celda de alegría y paz en un mundo acosado. Podemos arrojar nuestra piedra al estanque y estar seguros de que su círculo cada vez más amplio llegará a todo el mundo"[23].

Trenzar la esperanza nos ayuda a proyectarla, sostenerla y ensancharla, pero podría permitirnos incluso globalizarla, tal y como señala el papa Francisco[24]. En un mundo globalizado, en el que se defiende un sistema económico que hace cada vez más difícil la vida para todos y genera una creciente desigualdad, necesitamos relatos y propuestas globales que apunten hacia horizontes buenos para el conjunto de la humanidad. Podemos esperar a que esos relatos se generen "desde arriba", por alguien con el poder suficiente para hacerlo, o podemos empujar "desde abajo", trenzando las esperanzas de todos con las de cada uno de nosotros. Quizá las alternativas globales puedan surgir de trenzar alternativas locales, quizá es posible cambiar el mundo empezando por mi metro cuadrado, pero solo podemos intentarlo y hemos de hacerlo sin certezas.

---

[23] Dani IZUZQUIZA "Dorothy Day. Testimonio profético para nuestros días". *Corintios XIII* 182, 2022. 182.

[24] PAPA FRANCISCO. Audiencia General (30 de septiembre 2020). 3.

 

Quizá la invitación para cada uno de nosotros podría ir en esa línea, empezar por trenzar nuestra esperanza con las personas que tengo más cerca, para seguir con las que tengo un poco más lejos, encontrar aquellos puntos que nos unen y nos movilizan, creando así un tapiz del que no sabemos el resultado y que no depende solo de mí, pero que nos permite apostar por un futuro diferente.

En una de las series distópicas a las que aludíamos anteriormente, *The Last of Us*[25], aparece un personaje que, en medio de lo que parece el fin del mundo, se empeña en cuidar plantas y plantar fresas. Una idea en apariencia inútil para cambiar la realidad en la que vive, pero que tiene como resultado convertir su entorno más cercano –su metro cuadrado– en un lugar más bello.

## CON OTROS

Las personas somos el sujeto de la esperanza, esperanza y humanidad van de la mano. Estamos llamados a cuidar la esperanza y, como hemos visto, una forma de hacerlo es trenzar la esperanza de unos con la de otros, trenzar nuestra esperanza con la de todos. Pero entre esos todos nos preguntamos, ¿hay algunos que van primero, que son nuestros preferidos, por los que optamos, a los que no podemos olvidar? Desde una mirada creyente diríamos que nuestra opción siempre es por las víctimas, aquellas que sufren hoy o lo harán mañana, de alguna forma aquellos a costa de quiénes vivimos.

[25] Craig MAZIN y Neil DRUCKMANN (Productores ejecutivos). *The Last of Us*, 2023. [Serie de Televisión]. HBO.

Tomando de nuevo la propuesta de Jürgen Moltmann[26], hoy las identificamos como: las personas que son expulsadas del sistema, las que no han sido expulsadas pero viven sufriendo, las generaciones futuras y la naturaleza. Con todos ellos, estamos llamados a proyectar la esperanza. Porque la esperanza en tanto que don de Dios, se rige por su lógica de gratuidad y universalidad, es para todos por igual, sin privilegios, sin esfuerzo y llega, siempre, entrando por los márgenes.

Decimos "con otros" y no "para otros" o "por otros" de forma intencionada.

- *No es "para ellos"* porque eso nos sitúa en una relación asimétrica y porque no se trata de ofrecer nada, sino de alentar lo que ya existe en cada uno. No podemos convertirnos en la esperanza de otros porque entonces, si desaparecemos, desaparece también la esperanza,
- *No es "por ellos"* porque eso excluye de la participación activa, lo sitúa como objetos y no sujetos. Es "con ellos" porque nos imaginamos a su lado, no hablamos de estar con las víctimas de forma metafórica o a distancia, hablamos de contacto real, de relación, no porque tengamos mucho que enseñar, más bien porque tenemos mucho que aprender. ¿Quién sabe más de esperanza? Seguramente quien la ha vivido, quien la ha necesitado, quien ha sufrido y, a pesar de ello, ha sabido encontrarla en la oscuridad. ¿Quién tiene derecho a definir una utopía que comporte acabar con el sufrimiento? Las personas que son víctimas del sistema actual en el que no han te-

[26] Jürgen Moltmann, 189-209.

nido parte activa. En la película "En los márgenes"[27] se refleja de forma clara esta idea, mostrando cómo personas que han vivido en primera persona la amenaza de un desahucio, son capaces de acompañarse y juntas, sostener la esperanza.

Unimos nuestra esperanza a la de otros, no para sentirnos más protegidos, que también, sino para hacerlo al estilo de Jesús, en relación. Porque el proyecto del Reino de Dios, como el de todos los proyectos relevantes de nuestra vida, no es posible construirlo de forma individual, nos requiere y requiere a otros. Así pasa con la esperanza, que nos convoca a cada uno pero siempre con otros, para recorrer un camino que es incierto pero acompañado, que es necesariamente comunitario.

Además, somos las personas las que, unas a otras, nos reflejamos la esperanza, las que nos podemos ayudar a encontrarla y proyectarla. Lo recoge Hannah Arendt de forma muy bella:

> "Que aun en los tiempos más oscuros tenemos el derecho a esperar cierta iluminación, y que dicha iluminación puede provenir menos de las teorías y conceptos que de la luz incierta, titilante y a menudo débil que algunos hombres y mujeres reflejarán en sus trabajos y sus vidas bajo casi cualquier circunstancia y sobre la época que les tocó vivir en la tierra (...) Ojos tan acostumbrados a la oscuridad como los nuestros apenas podrán distinguir si su luz fue la luz de una vela o la de un sol brillante"[28].

[27] Juan Diego Botto. (Director). *En los Márgenes* (Película). On The Fringe, Panache. Productions, RTVE, Morena Films, Amazon Prime Video, Head Gear Films, 2022.

[28] Hannah Arendt. *Hombres en tiempos de oscuridad.* Gedisa, Barcelona 1992. 11.

Siguiendo con la imagen del reflejo de la esperanza entre unos y otros, me parece interesante aportar una imagen, la de la luciérnaga. En las series a las que nos referíamos al hablar de distopías, aparece en muchas ocasiones algún grupo que se identifica con la resistencia, personas que se rebelan ante la realidad e intentan cambiar el destino que se impone. En una de ellas, la citada anteriormente *The Last of Us*, a ese grupo se le denomina "luciérnagas". De alguna forma nosotros podemos ser luciérnagas y buscar luciérnagas, seres que en medio de la oscuridad y el sufrimiento, son capaces de hacer visible su esperanza para otros. Una esperanza que es la suya pero que puede recordar a otros que también es accesible para ellos. Cada uno de nosotros, haciendo memoria, seguro que podemos identificar a alguien que ha sido luciérnaga en algún momento en nuestra vida, alguien que alentó nuestra esperanza, a veces sin darse cuenta, pero sin la cual quizá no estaríamos aquí.

## ESPACIOS DE CO-ESPERANZA

Decíamos que la esperanza tiene que ver con el presente en tanto que es el instante con el que contamos. Decíamos que es un tiempo que tiene mucho de líquido, de incertidumbre y de miedo, pero es del que disponemos y en el que estamos llamados a construir esperanza. Una esperanza que se concreta en la forma de ser y estar, pero que también requiere de espacios que permitan cuidarla, alimentarla, protegerla y forjarla. De esta forma podemos dotarla de una dimensión política y de proyecto y, a la vez, protegerla de la intemperie, no para aislarla en una fortaleza, sino para disponer de lugares que permiten convocarnos y encontrarnos, a los que llegamos para volver a salir, al estilo del hostal en el que el samaritano dejó al hombre que había encontrado apaleado al borde del camino (Lc 10, 25-37).

La ubicación de estos espacios puede ser cualquiera, de hecho en cualquier sitio es necesario cuidar la esperanza, pero hay lugares que son preferentes porque están habitados por los preferidos, nos referimos a las periferias, los márgenes y las fronteras. No vamos a ellas para alejarnos de nada, sino por cercanía con quién allí se encuentra. Para trenzar la esperanza allí donde hoy es más difícil sostenerla pero, sobre todo, porque sabemos quiénes son nuestros maestros a la hora de sostener la esperanza que anhelamos, aquella que se sustenta en el amor y el deseo de justicia.

A la hora de imaginar cómo pueden ser esos espacios los pensamos tan diversos como lo son los contextos, no existe una fórmula única que genere esperanza de forma automática. Ya hemos visto que se trata más bien de alentar procesos, de promover cambios, sin embargo, sí que podemos atrevernos a identificar algunos elementos que nos ayudan en la tarea de trenzar la esperanza. Aquí identificamos diez de ellos, seguro que podrían ser muchos otros:

1. *Una puerta abierta*, que permite que cualquier persona pueda entrar y nos recuerda que la esperanza ni se esconde ni se privatiza, que siempre es regalo. Una puerta que está abierta para entrar, pero también para salir de nuevo al mundo, donde recibimos desde el pasado, vivimos el presente y construimos el futuro.

2. *Una silla vacía,* para acoger siempre a quién llega, ofreciendo hospitalidad, alegrándonos de su presencia, pronunciando su nombre e invitando a sumarse a un proyecto de esperanza en el que todos tenemos un lugar. La esperanza es siempre para todos, nadie queda fuera, no se trata de "sálvese quien pueda", solo es posible si nos salvamos todos.
3. *Una mesa puesta,* símbolo de comunidad y a la vez de celebración, en la que se reconoce la dignidad de cada persona. Sentarnos alrededor de la mesa permite, de forma natural y familiar, compartir nuestros anhelos profundos, reconocer fragilidades y miedos y construir relatos utópicos. Compartir con otros no nos ahorra nada, no nos evita que la que desesperanza aparezca o que fracasemos, pero nos da fuerza para tejer resistencias y nos permite captar los reflejos de esperanza en las vidas de otros, aunque a veces todo sea oscuro y no comprendamos nada. Compartir con otros nos permite celebrar, porque siempre hay algo que celebrar, ya sean éxitos o intentos.
4. *Una luz que mantenemos encendida,* que nos recuerda que la esperanza siempre está ahí, esperándonos. Que cuando no la encontramos en nosotros, otros nos pueden recordar que existe o que, aunque nuestra luz sea débil y pequeña, es luz y alumbra en la oscuridad.
5. *Una ventana* para mirar al mundo, a lo profundo del mundo, donde la esperanza late entre las alegrías y en medio del dolor. Porque somos tan capaces de detectar el mal y el sufrimiento como la presencia de Dios que sigue trabajando de forma activa en la historia. Desde la ventana podemos mirar hacia

afuera con sensibilidad y lucidez para captar las posibilidades de transformación y cambio, siendo honradas con una realidad que nos ofrece, también, todo lo bueno de la vida.

6. *Un relato utópico*, porque nuestros anhelos profundos han de concretarse y proyectarse. Necesitamos nombrar y relatar los sueños, en especial los que compartimos con otros, porque es la forma de pasar del deseo personal a la utopía y porque hacerlo es comprometernos con la alternativa que queremos construir, con los horizontes que nos movilizan, que nos llevan a tomar decisiones y opciones vitales. Ese relato utópico es para algunos el Evangelio de Jesús, para otros puede estar en escrito en otros libros sagrados o beber de otras fuentes.
7. *Un lugar para la oración y el silencio*. Benedicto XVI[29] identificó la oración como lugar de esperanza, afirmando que "cuando no hay nada que pueda decir, puedo decir a Dios". Es en la oración dónde trenzamos nuestra esperanza con la esperanza de Dios, con su proyecto del Reino. No para resolver de forma automática o "milagrera" nuestras situaciones personales, sino porque es Dios quien nos conecta con la esperanza permitiéndonos captar su presencia en nuestra realidad.
8. *Un espacio para el recuerdo de los testigos*. Todos tenemos grabado en el corazón el nombre de personas que, de forma más o menos consciente, nos han transmitido esperanza –nuestras luciérnagas–. Se trata de personas que trenzaron sus vidas y anhelos con los nues-

[29] PAPA BENEDICTO XVI. Carta encíclica *Spe salvi*. 32.

tros y cuyo recuerdo –más allá de la distancia o la presencia física– sigue siendo interpelador y nos alienta. Entre ellas seguro que hay algunas de las que han reflejado esperanza al conjunto de la sociedad, místicas y místicos que fueron capaces de intuir, en la realidad que les tocó vivir, la presencia constante de Dios y su esperanza. Junto a esas personas habrá otras, anónimas, que han compartido con nosotros cotidianeidad, tareas, proyectos, familia o comunidad. Recordarlas es honrar la historia y nos ayuda a enlazar pasado, presente y futuro, porque al recuperar sus biografías, con sus fracasos y momentos de oscuridad, las podemos compartir con otras personas, especialmente con los más jóvenes o los que no las conocieron.

9. *Un lugar para construir lo común*, que nos permita ensayar la utopía que anhelamos, el mundo posible que soñamos, la vida buena a la que esperamos. Proyectos colectivos en los que todos podemos participar y aportar nuestros conocimientos. Seguro que tenemos múltiples ejemplos a nuestro alrededor, espacios que han sido para nosotros la concreción de nuestra esperanza en un mundo más justo y más fraterno.
10. *Lo tuyo, lo mío, lo nuestro*. En cualquier espacio de la vida hay que dejar un lugar libre para que cada uno ponga lo suyo, lo que trae, lo que encuentra, lo que crea, lo que inventa y, para que juntas, lleguemos a poner lo nuestro. En la historia de cada uno de nosotros seguro que hay algo que nos ayuda a conectar con nuestra esperanza, que nos activa, nos mueve y nos impulsa a trenzar la vida con otras vidas, eso también es necesario en estos espacios.

 

Podemos preguntarnos si los lugares en los que vivimos y trabajamos, en nuestras familias o comunidades, detectamos qué elementos ya existen y qué necesitamos recuperar o generar. Es así, como desde lo concreto, lo real y lo próximo podemos ir generando espacios de esperanza que sumen a la vida tal y como Dios la sueña para cada uno y para todos.

# IV. CONSTRUIR LA ESPERANZA

En este capítulo se recogen literalmente las intervenciones en la mesa redonda, "Construir la esperanza" a cargo de Mª Luz Ortega, Alicia V. Benito y David Bingong.

## CONSTRUIR ESPERANZA PARA "LOS NADIE"

Buenas tardes, quisiera comenzar agradeciendo la oportunidad que se me ha dado para participar en esta mesa redonda. El participar me ha permitido reflexionar sobre las claves y valores sobre los que he realizado mi acceso a la vida pública. Una experiencia que para mí ha sido trabajar por construir esperanza para "Los Nadie" que dice Eduardo Galeano o por los más débiles como indica el papa Francisco en la encíclica *Fratelli Tutti* al señalar que "los políticos están llamados a «preocuparse» de la fragilidad, de la fragilidad de los pueblos y de las personas. Cuidar la fragilidad quiere decir fuerza y ternura, lucha y fecundidad, en medio de un modelo funcionalista y privatista que conduce inexorablemente a la cultura del descarte".

 

Quisiera comenzar indicando que soy profesora universitaria, experta en cooperación al desarrollo. No soy funcionaria pues trabajo en una universidad privada. Nunca pensé en dar el salto a la vida pública, pero cuando recibo una llamada de teléfono para una entrevista en la que me ofrecen un puesto de dirección de la cooperación autonómica, no lo dudo mucho y digo que sí.

Digo que sí, por mi compromiso con la cooperación al desarrollo. Consciente de que en la política de pactos de legislatura había un compromiso por eliminar la cooperación. Indico que mi paso adelante es para mantenerla y transformarla. Digo que sí, a un salario más bajo, a asumir que no podré poner en principio a nadie de mi confianza y donde, a lo interno, es probable que sea estigmatizada por ser de una universidad privada y creyente. Digo que, si también con la seguridad de que tengo billete de vuelta, pido una excedencia en la Universidad, pero las puertas siempre han permanecido abiertas. Lo cual siempre agradeceré.

Digo que sí, desde un compromiso cristiano que en libertad asumo, trabajar por hacer el bien. Un compromiso que brota de la fe y que me fuerza, y es algo, a lo que en incontables momentos he de volver.

¿Desde qué claves afrontas este reto? ¿Desde qué valores? ¿Cuáles han sido los aprendizajes?

## RETO 1
## AFRONTAR EL RITMO ELECTORAL
## LA PARADOJA DEL VOTO ÚTIL

Hace algunos años ante las elecciones municipales en donde era más que probable que hubiera un cambio de partido en el gobierno, uno de mis hijos se dirigió a mí con total asombro no entendiendo que hubiera cambio de gobierno y me exclamó: "Mamá ¿Cómo no van a ganar los que están ahora gobernando con el parque tan maravilloso que nos han hecho?". Por algo tan simple como que los niños y las niñas no votais, le dije: "Nuestro futuro sois vosotros pero no sois considerados". Y si lo llevamos al tema de la política de cooperación tampoco son tenidos en cuenta los, en teoría, beneficiaros de la misma los países en desarrollo.

Afrontar el ritmo electoral que busca ser revalidado supone asumir que la política de cooperación es en una política inferior y prescindible y cada día que se acerca el nuevo reto electoral más. Pues los pobres no votan.

La política de cooperación surgió en España a demanda de la sociedad civil. El paso de los años, no ha servido para convertirla en una política de Estado, que sea ofertada por un compromiso ético y moral con la construcción del bien común. Aunque me pese, pues soy una gran defensora de las ONGD, el hecho es que la enorme dependencia financiera de las subvenciones públicas ha favorecido el que se convirtiera en una política clientelar y que lo único que se valoraba era la cantidad de subvenciones otorgadas. Este hecho, ensombrecía lo que hacía pues lo importante era la cantidad. Aunque tomara medidas que mejoraran la cooperación y ayudasen a las entidades, públicamente no podían reconocerlo, estaba ante un voto cautivo que alzaba la voz solo para reclamar más fondos.

Además, al estar en la Administración dentro de la Consejería de asuntos sociales y en un contexto de crisis agravado por la pandemia estaba irremediablemente condenada a enfrentar a pobres contra pobres. Pues los fondos de cooperación eran de la misma consejería. Y en caso de necesidad, siempre pierden los pobres sin rostro.

Intenté contrarrestar todo esto defendiendo que la cooperación es una política de Estado. Y así debe ser transmitida, no puede ni debe ser identificada como de un partido político concreto sino con un objetivo a largo plazo como es el bienestar de la Humanidad.

Esto es algo que nos dice el propio Papa en la *Fratelli tutti* al referirse a la mirada que debe tener el político, una mirada a largo plazo. En esta materia aún más.

Y esto ha sido una constante en mis intervenciones. La construcción de una política de Estado basada en la búsqueda del bien común, la generación de oportunidades para todas las personas.

## RETO 2
## TRABAJAR CON EFICACIA Y EFICIENCIA

Tú no puedes cambiar el mundo, y menos sola, pero sí puedes trabajar, desde la medida de tus posibilidades para hacerlo. Y esto es algo que también he repetido, como un mantra. Cada uno desde donde esta debe ser consciente de que los cambios se hacen de pequeños cambios, dice P. Poveda: "vosotros sembrad, labrad la tierra que Dios nuestro Señor, dará fruto cuando convenga, cuando quiera y donde sea su voluntad. La recolección no es tarea que se os confía".

Asumí la dirección también porque había un pacto de Gobierno que tenía entre uno de sus puntos eliminar la política de cooperación. Debía demostrar que tenía sentido, y eso que fuera visible en tres años...

Por eso me empeñé, como ya he indicado en avanzar en el diseño y ejecución de la política de cooperación como una política de Estado, y esto suponía también promover la coordinación y complementariedad con la política de cooperación española en el marco de las competencias transferidas como comunidad autónoma, mejorar la coherencia de políticas bajo los criterios de coordinación, complementariedad y eficacia de la ayuda, en la senda que marca la Agenda 2030. Y algo muy importante, ser transparente en la gestión y comunicar a la ciudadanía el valor de lo que se hacía.

En estos tres años y medio he estado como si no hubiera un mañana, para poder mostrar a quien quisiera ver que se podía gestionar de otra forma. Así:

### Resultados en Cooperación

- 409 proyectos alineados con la Agenda 2030 por 82.703.491 euros. 354 proyectos en régimen de concurrencia competitiva, 78,52% del presupuesto; 60,5 millones vía ONGD y 4,4 millones vía Universidades, y 55 proyectos, 21,47% a través de subvenciones excepcionales (6,3 millones a cooperación directa y 9,09 a Organismos internacionales).
- 68,89% cooperación al desarrollo, el 13,91% Acción Humanitaria y el 17,2% Educación para el Desarrollo.
- Convenio de colaboración con el Gobierno de España, Agencia Española de Cooperación y participación activa en los Mapas de Asociación País así como en el Peer Review de la Cooperación Española realizado por el Comité de Ayuda al Desarrollo de la OCDE.

- Diseño y ejecución del primer Programa de Cooperación Técnica de la Administración Pública en Andalucía.
- Alianza estratégica con organismos internacionales: OIM, ONU-Habitat, OIT, ACNUR, UNRAW y PNUD con el que se ha liderado la localización de ODS en los territorios buscando la coordinación y complementariedad del conjunto de Agentes.

Y todo esto con una pandemia que no hizo sino disminuir los fondos y a la que se hizo frente.

### Resultados en Gestión

- Elaboración y puesta en marcha del I Plan de Gestión empresarial de la institución
- Se han analizado y cerrado el 30,8% de los 2.541 proyectos gestionados desde la creación de la institución en 2008.
- Al inicio de la legislatura había 245 proyectos sin iniciar por un importe de 52 millones al final solo 20 proyectos por un importe de 4 millones por motivos de la administración.
- Eliminación del bloqueo de pagos a las entidades. Frente a los 34 millones pendientes de pagar a ONGD y entidades que existía en 2019.
- Por primera vez la concesión supone el pago y desembolso en el mismo año. Un desfase entre lo comprometido y desembolsado que llego a ser de 6 años.
- Pasar de un modelo de gestión analógico a un modelo de gestión informatizado.
- Aprobación del Código Ético.

- I Convenio Colectivo. Nuevo organigrama.
- Política comunicación. Web institucional. Presencia en redes. Cooperanda.

Y aunque sabes que eso no es señal, como así fue, de continuidad, pero muestra que es posible hacer política desde la clave del bien común, y que al menos durante el tiempo que estuve se gestionó desde otros principios y con otros objetivos. Mi familia da fe de que trabajé sin descanso todos los días.

## RETO 3
## PROMOVER UNA CULTURA DEL ENCUENTRO

Actualmente, el número de migrantes internacionales en el mundo no tiene precedentes, y asciende a 300 millones de personas. El cambio climático, las catástrofes naturales y las provocadas por el hombre, los conflictos, el envejecimiento de la población en los países industrializados son factores que conducen a la migración forzosa y voluntaria. Por otra parte, nuestras percepciones, actitudes o ideas sobre la migración se basan tanto en nuestra experiencia directa e indirecta como en las experiencias que nos llegan a través de la lente de los medios de comunicación. Conscientes de que cambiar la información que los medios de comunicación y los partidos difunden sobre este grupo poblacional puede influir decisivamente en las actitudes de las personas hacia la inmigración, asumí con una enorme fuerza este reto.

Basándome en los valores del Evangelio que nos dice que todos estamos llamados –al igual que el buen samaritano– a estar cerca del otro, superando prejuicios, intereses personales, barreras históricas o culturales.

Este puesto era sin duda una enorme oportunidad para generar espacios de encuentro y responsabilidad pues todos somos corresponsables en la construcción de una sociedad que sepa incluir, integrar y levantar a los que han caído o están sufriendo. Porque como indica el Papa, el amor construye puentes y estamos "hechos para el amor", y así nos exhorta en particular a los cristianos reconocer a Cristo en el rostro de todos los excluidos.

Así desarrollé la idea de ser sociedad de acogida. Promoví una campaña que no pudo ejecutarse pues llegó la pandemia, pero se articuló que buena parte de las ayudas a la educación para el desarrollo, bien con ONGD, con Universidades, con la OIM se centraran en educar y sensibilizar a la ciudadanía para acoger a los migrantes. En unos años en donde se realizó una campaña electoral que promovía la aporofobia, concretamente hacia los menores no acompañados.

## RETO 4
## MOTIVAR PARA QUE LA INSTITUCIONALIDAD TRANSCIENDA Y SE HAGA VIVA

Gestionar recursos humanos es altamente complicado. Detrás de mi seguridad hay una fuerte inseguridad. Y la claridad es mi fuerte pero también mi talón de Aquiles.

Mi entusiasmo, mi compromiso, mi fuerza y convencimiento llegó a una institución enferma, que había nacido enferma desde su origen; la mayor parte de la plantilla entro de forma irregular y, lo que es peor, se encontraban totalmente desmotivados y sin deseos de cambiar. Estaban sin rumbo, pero la mayoría aunque pudieran decir lo contrario no tenían deseo de tenerlo.

Trabajar con rumbo suponía trabajar y evidenciar la desidia y el sinsentido de algunos procedimientos. ¿Para qué trabajar con rumbo? ¿Para qué esforzarse? tarde o temprano, yo me iría y los que preferían el trabajo sin rumbo caerían como fieras sobre los que trabajaban. Es un mal de la Administración Pública, pero aquí más. Porque si no se trabaja con prontitud no pasa nada. Los beneficiarios, son pobres sin voto, nadie va a reclamar el dinero que se compromete pero que no se ejecuta. Al contrario, el que trabaja se señala.

Construir institucionalidad así es complicado. En privado, sin que transcendiera algunas se acercaban a mí, me daban las gracias. Me animaban a seguir. El último año comprendí que lo peor vendría cuando yo no estuviera, si no construía cimientos fuertes todo se derrumbaría.

Y ante esa realidad la motivación de construir el bien común, trabajar por algo tan encomiable como es la lucha contra la pobreza era y es muy complicado. Cuando no podía más, recordaba la lectura del Génesis donde el Señor manda a Abraham a destruir Sodoma y Gomorra y él dice, pero si hay 20 justos ¿no la destruirías? Porque si, algunas personas estaban motivadas, querían trabajar esto no habría sido posible sin ellas, por ellas merecía la pena todo, pero desgraciadamente no eran suficientes o no tuve el tiempo suficiente para cambiar el rumbo de una institución enferma.

Los aprendizajes del curso de acompañamiento de Ruaj me han ayudado a comprender y a sobrellevar. Me han ayudado a escuchar y aunque fuera difícil a acompañar. Y a agradecer que, aunque empecé sola, no estaba sola; había un grupo que eligió acompañarme y asumir el reto de estar motivados al cambio.

## RETO 5
## LA ESPERANZA BROTA DE LA MUERTE

En el acompañamiento vemos como una misma realidad se puede ver de distintas formas según el prisma. Cada uno ve su verdad.

Como tantas personas en la vida he sido negada, cuestionada, ignorada y dentro de mi "equipo" he sufrido acoso, calumnias y finalmente he sido denunciada.

El acoso, *mobbing* vertical que se llama, comenzó tras la pandemia para que me fuera, cuando me di cuenta, pude recomponerme y no me fui. La fe me sostuvo, mi familia, y un grupo de personas dentro de la propia institución me ayudó a mantenerme en pie, a seguir.

Cuando tras las elecciones el nuevo equipo de gobierno me cesó, de un día para otro, pensé que al menos eso cesaría, pero he descubierto que a veces, el mal existe, solo por el gusto de hacer el mal. Han intentado denunciarme sin éxito, pero lo han hecho. Y ante eso, que aún debo sanar, el sentimiento que tengo no es de odio, es de asombro y tristeza, el mal existe y a veces el único sentido que tiene es hacer mal. Todo este sentimiento de dolor y muerte, me lleva a pensar en tantas personas que dieron la Vida por la fe, pero que esa muerte, si es desde la fe, es fecunda y produce esperanza.

Para mí, construir la esperanza es posible, lo sé, lo vi, me fue regalado en el rostro de "Los Nadies" que para mí sí tienen nombre e historia. Lo vi en los dispensarios de República Dominicana donde se acompañaba a las niñas embarazadas, en aquel alcalde de Honduras que se me abrazó llorando porque tenía miedo de no estar a la altura de su hermano al que las bandas habían matado, en la visita a la UCA del Salvador siguiendo las huellas de los mártires jesuitas y tantos anónimos que han muerto por construir un mundo mejor, o en el corredor seco centro americano acompañando ese viaje a ninguna parte de tantos inmigrantes. Son historias a las que les he puesto rostros y que sé, que al menos durante estos años, se han podido llevar a cabo desde una cooperación, con sentido, que responde a sus necesidades, que les genera capacidades que intenta devolverles la dignidad perdida.

Esa esperanza compartida es mía, está en mi retina, tuve la suerte de poder verla en su mirada, de acogerla en el abrazo sincero y así compartir con ellos y ahora con vosotros la esperanza.

## PAYASOS SIN FRONTERAS GENERADORES DE ESPERANZA

Payasos sin fronteras (PSF) es una ONG cuyo objetivo principal son los niños y que nació curiosamente como iniciativa desde un colegio de niños en Barcelona[1]. Allá por el año 1992, en el que planeaba sobre nosotros la terrible guerra de los Balcanes, en la Escuela Projecte de Barcelona, los niños celebraban unas Jornadas dedicadas a la Paz. Tuvieron la gran idea de recau-

[1] Fuentes:
https://clowns.org/pagina-basica/origenes-de-psf
https://clowns.org/pagina-basica/breve-historico
https://blogclowns.blogspot.com/2022/04/sonamos-con-el-dia-en-que-no-tengamos.html

dar fondos para que una compañía de circo fuera a visitar y actuar para los niños de uno de los campos de refugiados de Croacia. Recaudaron el dinero suficiente y llamaron a la compañía de Tortell Poltrona, que con mucha ilusión, se embarcaron en dicho viaje el 26 de Febrero de 1993. La experiencia fue tan maravillosa, que poco después se envió otra compañía de malabaristas y con esto se forjó la idea de formar una organización de verdad para continuar realizando, lo que se llamarán "expediciones" a Yugoslavia.

Así se creó Payasos sin Fronteras con sede en Barcelona, pero pronto se añadieron más países como Bélgica, Sudáfrica, Francia, Irlanda, Suecia, EEUU..., en forma de delegaciones. En más de 30 años de existencia esta ONG ha realizado más de 500 expediciones por todo el mundo: Burkina, Congo, Libia, Líbano, Tailandia, Turquía, Tíbet, Grecia, Colombia....[2].

*Pero, ¿qué hacen estos payasos en dichos lugares?*

Nuestra misión es mejorar el estado emocional de la infancia, que sufre las consecuencias de guerras, catástrofes naturales o situaciones de extrema pobreza, mediante espectáculos cómicos hechos por payasos profesionales que ofrecen su arte de manera voluntaria. En la peor situación, hace falta el mejor payaso.

*Venimos de muy lejos, generamos esperanza....*

La acción humanitaria necesita también atender el aspecto emocional. Los colectivos afectados necesitan for-

[2] Estudio de impacto intervenciones de PSF en Líbano: Alicia Álvarez, psicóloga de la Unidad de Trauma Crisis y Conflictos de Barcelona (UTCCB): https://www.youtube.com/watch?v=p3EemQpJ_ks&feature=youtu.be

talecer su capacidad de resiliencia ante la adversidad. Los payasos llegamos a pie de tierra, nuestro contacto es directo con los afectados, en los mismos espacios en los que están, a través del humor blanco, inocente y sin malicia les mostramos que no nos hemos olvidado de ellos.

Los niños se preguntan: ¿Cómo es posible que en esta situación tan terrible, hayan querido venir a vernos? El mundo no os ha olvidado. Los payasos no vienen a traernos, sino a regalarnos momentos positivos, tender puertas, se acercan a nosotros. Los payasos se equiparan a los niños en vez de a los adultos enfrentados.

*Antes y después de los espectáculos...*

Los niños vienen a los espectáculos, en muchas ocasiones serios, tristes, a veces abrumados por los mayores que tratan de sentarlos por algún lado o peleándose con otros niños porque quieren ponerse delante. Según países los más pequeños van atrás del todo, pero nosotros les colocamos delante. Hay niños asustados por los ruidos de las bombas y se tapan los oídos al oír la música, otros vienen estoicos con la seriedad de un adulto (lo que se llama hiper adaptados, los niños se portan más que bien para no dar problemas a los adultos) y muchos están asalvajados de vivir en un campo de refugiados donde no hay ley y van de un lado al otro en pandilla, sin cole, sin juegos, sin mayores que los atiendan, y más de una vez, sin zapatos...

Son los mil y un matices del estrés postraumático, la mayoría han vivido circunstancias terribles, como la guerra, que les ha obligado a desplazarse y a dejar muchos familiares atrás. Como en Siria, catástrofes naturales como el terremoto de Haití, o el tsunami en Tailandia, o situaciones epidémicas como la enfermedad del Ébola en Sierra Leona. El punto común es que la gran parte se ha visto obligada a perder sus casas, a ver morir a familiares y amigos, y apelotonarse en su mayoría en campos de refugiados con condiciones insalubres.

Tan pronto comienza el show, todo se ordena y transforma. Según mi experiencia personal como payasa expedicionaria, las reacciones comienzan diferente en cada lugar, según su situación, cultura y modo de vida. En Ucrania, comienzan muy serios y se van animando paulatinamente y disfrutando hasta bailar encima del escenario con nosotros... En Sierra Leona, una buena música de arranque pone a todos los niños a bailar con nosotros desde el principio... En resumen somos bienvenidos, y nuestra misión es transmitirles nuestro profundo amor, a través del arte del Circo en todas sus variedades.

Nos ganamos su confianza, desaparece el miedo, se esboza una sonrisa, los ojos brillan. Luego quieren participar en los números, y al acabar el espectáculo los niños buscan el contacto directo con los payasos, bailamos juntos y nos abrazamos, es como una catarsis. Los papás se acercan y muchas veces nos cuentan cómo su hijo no reía y disfrutaba desde hace días, semanas, meses...

### *¿Se puede medir la risa?*

Como ya sabemos en general los beneficios de la risa, están más que comprobados y admitidos a todos los niveles, pero siempre hay que buscar la tan ansiada evidencia científica, necesitamos demostrar que lo que hacemos funciona. Que la risa que generamos provoca cambios emocionales en personas sometidas a grandes situaciones de stress.

En mi experiencia personal de 14 años como Payaso de hospital, para que nuestro trabajo funcione y sea valorado en los centros médicos donde que trabajamos, realizamos junto a investigadores varios tipos de estudios sobre los efectos psicológicos y fisiológicos de la risa, y su impacto sobre el estrés, tanto de niños como de familiares.

Para estudiar algo y crear con ello unos valores fiables, hacen falta unas premisas mínimas, como un contexto controlado, en el que se aplique la misma terapia o acción a las mismas personas durante un tiempo determinado. En Payasos sin Fronteras también se han realizado estudios al respecto siendo muy difícil de medir, ya que en una misma actuación intervenimos con personas de diferentes lugares, contextos y grados de estrés diferentes. A pesar de todo, podemos decir que independientemente de las variables físicas o emocionales con las que nos topamos, es muy importante contar con buenos profesionales que puedan realizar una intervención de calidad.

En resumen, la risa es un soporte social y facilitadora del cambio emocional. Funciona en muchos niveles para paliar el estrés postraumático en sus diferentes formas, desde la depresión, las conductas evitativas, los *flash back*... la falta de concentración...

Nuestras visitas y actuaciones son pura emoción, contribuyen al reconocimiento social de su dolor, les devuelven a su infancia muchas veces arrebatada por el trauma, y facilitan la comunicación emocional, entre ellos y sus familiares, mejorando las relaciones sociales.

Payasos sin fronteras es generador de esperanza, la de que un mundo mejor es posible, donde se pueden reconstruir a nivel emocional, porque el amor es más fuerte que la destrucción.

## TENÍA LA ESPERANZA DE ENCONTRAR UN FUTURO MEJOR

Gracias por la invitación. Me llamo David Bingong, soy de Camerún, llevo ya 8 años viviendo en España. Es un honor para mí estar aquí. En mi vida diaria y en mis actividades suelo presentarme como:

—El hijo de mi madre, por mis orígenes, mis costumbres y mi cultura, y también mi acento.

—Me presento como un inmigrante que ha cruzado varias fronteras, eso por lo aprendido y lo vivido a lo largo del viaje.

—Y, para terminar, soy actor de "Teatro sin papeles" que es la compañía desde donde montamos actividades con la esperanza de contribuir a la creación de un mundo mejor.

Con vuestro permiso, ya que no sabría hacer otra cosa, voy a abordar la temática que nos han propuesto desde mi experiencia. Os contaré de dónde vengo, por qué y cómo, y en qué estoy metido ahora y con qué objetivo.

### EL VIAJE DE DAVID DE CAMERÚN A ESPAÑA

Cuando en 2013 me despedí de mi familia, precisamente de mi madre, y emprendí el camino hacia Europa, es porque tenía la esperanza de encontrar un futuro mejor para mí y para ellos, encontrar respuestas a mis preguntas y solución a mis preocupaciones. La curiosidad, las ganas de ayudar a mis padres y el sueño de vivir en una tierra de libertad y oportunidad, como es Europa, son, resumiéndolo mucho, los motivos de este viaje. En la mochila me llevé la bendición de mis padres y la fe en Dios.

Dos años, es el tiempo que pase para irme de Camerún a España. Fui pasando por varios países, ya que no podía coger un avión, por lo menos tenía, como se dice aquí, el coche de San Fernando. Andando la mayor parte del camino, otras veces en coches y en autobuses cuando era posible. De Camerún a Nigeria, de Nigeria a Níger, de Níger a Argelia cruzando el desierto de Sáhara, y de Argelia a Marruecos para poder cruzar la valla de Ceuta y acceder al territorio español. Dos años en los que viví la brutalidad policial, la humillación y la desesperación de muchos. Tiempo también en el que pude experimentar la generosidad de la gente, la ayuda desinteresada y los esfuerzos de convivencia entre todos. No puedo explicar detalladamente cómo fue el viaje por falta de espacio, pero lo cierto es que fue una escuela para mí.

Os puedo ahorrar el terrorismo de Boco Haram en Nigeria, la sequía y la hambruna en Níger, lo duro de la supervivencia en el Sáhara, el rechazo que vivimos en Argelia, pero voy a pararme un momento sobre la gran escuela que supone este viaje en general, y Marruecos en particular.

Primero, el contexto. Somos muchos migrantes provenientes de países del sur. Cruzamos el Sáhara y llegamos a Marruecos, allí nos encontramos con dos ciudades españolas, Ceuta y Melilla, separadas de Marruecos por vallas, tres vallas de siete metros de altura con concertinas, alambres y cuchillas. Controladas en el lado marroquí por militares de Marruecos y en el lado español por la guardia civil. Los intentos de cruzar esa valla suelen terminar con varios heridos, algunas muertes y pocas victorias por nuestra parte.

## APRENDIZAJES

Mientras preparamos estos intentos, nos alojamos en unos bosques, montes o cuevas para protegernos del frío y de la policía. Es donde recibimos nuestra primera lección sobre *la convivencia*. Somos muchos, llegamos a ser más de 6.000 personas, de diferentes países, Camerún, Nigeria, Senegal, Guinea... Somos cristianos, budistas, musulmanes, animistas. Hablamos susu, wolof, bambara, francés, inglés, árabe..., pero nos aceptamos, nos respetamos, compartimos todo, un pan entre siete, un kilo de arroz entre 20. La colaboración es la clave de la supervivencia, por eso, lo primero que desaparece son las diferencias. Llegamos a considerarnos, uno e iguales.

Segunda lección: *la humildad*. La humillación de tener que pedir para comer, mendigar en los semáforos, en las salidas de mezquitas, en los cementerios, nos devuelve a la realidad. Venimos de países donde por lo menos cada uno tenía una casa, una familia, una vida "digna". Tener que convertirse en mendigo nos demuestra que no somos superiores por tener más que otro, porque la vida te lo da todo pero también te lo puede quitar, solo hay que ser humildes.

Un último aprendizaje que quiero compartir es *la perseverancia*. Son muchos fracasos, muchos intentos fallidos, yo hice más de 40 en 22 meses, siempre me apuntaba al siguiente. No está permitido renunciar ni rendirse, perseverar es seguir a pesar de todo. El 3 de octubre de 2015, a las 4 de la mañana, conseguí cruzar la valla de Ceuta. Deje atrás a muchos amigos, también perdí unos cuantos, y es justamente a estos últimos a los que quiero dedicar unas líneas. Con vuestro permiso, allí va el homenaje...

### CANCIÓN HOMENAJE

*Tenía un amigo quería venir aqui*
*decidió un día ir a Europa*
*entonces su madre le dio bendición*
*le dio muchos besos y dijo al final*
*"vete hijo mío, vuelve pronto*
*te esperaré, sabes, eres único".*
*Ella no sabía lo que iba a pasar*
*nadie sabía que iba a pasar*
*él iba a Europa para ayudar a su mama*
*él iba a Europa para ayudar a familia*
*él iba a Europa a mejorar su vida*
*él iba a Europa a cambiar el día a día.*
*Una vez en Marruecos persiguiendo su sueño*
*se encontró en el mar sobre una patera*
*era una noche y había viento*
*era en invierno y hacía frio*
*hijo de la tierra no conocía mar*
*hijo del desierto no sabía nadar*
*hijo del calor no aguantaba frio*
*mira mi amigo caído en el mar*
*to patom patom patom no tenía idea*
*to patom patom patom no tenía idea*
*to patom patom patom a bé yi bé a ea*

*En su último soplo pensó a su mama*
*con su último esfuerzo murmuró una cosa*
*"a eya mama"*
*"a eya mama"*
*"a eya mama"*
*"a eya mama"*
*"a eya mama"*
*perdonáme e a*
*"lo que prometí no he conseguido*
*hacía donde iba no he llegado*
*la luz de Europa se me apago*
*lo peor es que me voy sin volver a verte".*
*Mama mi amigo murió en el mar*
*qué dolor qué dolor ya qué dolor*
*e ah*
*qué dolor qué dolor ya qué dolor*
*e ah*
*qué dolor qué dolor ya qué dolor*
*e ah*
*qué dolor qué dolor ya qué dolor*
*e ah*
*él iba a Europa para ayudar a su mama*
*él iba a Europa para ayudar a familia*
*él iba a Europa mejorar su vida*
*él iba a Europa a cambiar el día a día*
*qué dolor qué dolor ya qué dolor*
*e ah*
*qué dolor qué dolor ya qué dolor*
*e ah*
*qué dolor qué dolor ya qué dolor*
*e ah*
*qué dolor qué dolor ya qué dolor*
*aah*
*Su madre todavia no lo sabe y sigue esperando*
*a que su hijo un día le dé un abrazo.*

Este homenaje es un compromiso personal, porque sé lo afortunado que soy, tengo una audiencia y conozco a muchos que deprimen en sus pisos y no tienen quién les escuche. Por eso cuando tengo una oportunidad, me hago altavoz de ellos, en este caso de los que descansan en el fondo del mar.

## PROCESO DE ADAPTACIÓN

Llegué a España en octubre de 2015, pasé 3 meses en el CETI de Ceuta y me mandaron directamente a Madrid. Mi vida siguió el camino ya establecido, pasando por diferentes fases: la primera, *la alegría* de haberlo conseguido, dos años de camino, mucho sufrimiento, sacrificios, lágrimas, por fin lo he conseguido. Se traduce en celebraciones, mucho optimismo, sentimiento de éxito. Esa fase dura unos dos o tres meses como mucho.

Luego viene *el choque con la realidad*, el momento cuando nos damos cuenta de que no todo es como nos lo pintaron. Nos parecía que íbamos a ser ricos una vez en Europa y resulta que no. Es la segunda etapa.

La tercera es *la rebeldía*, a raíz de esa frustración, empezamos a buscar culpables. El gobierno, el sistema, los españoles son culpables. El racismo, la discriminación son las razones por la que no podemos realizar nuestros sueños.

Luego, viene la etapa que a mí me gusta, *la aceptación*, cuando nos damos cuenta de que es lo que hay y tendremos que hacer con ello, sin rendirnos ni renunciar a nuestros sueños.

Mi pasión por las artes escénicas me salvó, una vez en Madrid, me integré en la compañía de teatral "Teatro sin papeles", conocí a Moisés Mato, que es el director de la compañía y profesor de teatro. Pude convertir mi historia en un instrumento de sensibilización. Encontrar su vocación, es como elegir la herramienta correcta para poder sembrar semillas de esperanza. Actuar cada uno desde su posición es, a mi entender, el método correcto para llegar a cambiar el mundo.

El teatro de la escucha nos exige un método de trabajo que incluye, entre otras: la escucha activa de la realidad desde la perspectiva de los últimos; el protagonismo a los que lo merecen, lo que nos lleva desde hace más de cinco años a impulsar la creación de nuevos grupos, a escribir nuevas obras, a dar voz y protagonismo a los propios migrantes.

A día de hoy tenemos cuatro grupos activos y unas tres obras en preparación. Estamos montando una escuela política, para dar formación a inmigrantes y posibilitar la elaboración de discursos nuevos y propios. La práctica de la no violencia es un eje fundamental para el teatro de la escucha. Necesitamos romper la dinámica de violencia en la que estamos metidos, responder sin insultar, denunciar sin estigmatizar. Siendo igual de contundente, creemos que es posible y profundizamos todos los días en este ideal.

Colaboramos para reorientar el tema migratorio, soñamos en un mundo donde nadie tenga que arriesgar su vida para cruzar una frontera, donde la fraternidad sea un hecho y no un eslogan para carteles. Nuestro lema es "ni paternalismo ni victimismo" porque son las dos caras de una misma moneda y que se nutren uno del otro.

Entendemos el paternalismo como esta postura de protección, que ni nos considera capaz, ni nos deja hacer por nosotros mismos, "no sea que se equivoquen intentándolo". Y el victimismo es justo esa tendencia a culpar a los demás de nuestra desgracia, a asumir una actitud pasiva y derrotista, "si no lo puedo hacer es porque el otro no me deja".

Entenderme, no soy un especialista, ni un intelectual, yo hablo simplemente desde mi pequeña experiencia, esto lo he tocado con mis manos, lo vivo todos los días. Por eso intento dibujarlo así.

Agradezco mucho la oportunidad que me habéis dado para aportar mi granito de arena. Deseando que iniciativas como estas se multipliquen porque hoy, más que nunca, nuestro mundo necesita de personas valientes que vayan sembrando semillas. Como lo decía Martin Luther King " si ayudo a una sola persona a tener esperanza, no habré vivido en vano".

Gracias por escucharme.

# V. Acompañar la esperanza ¿Es posible acoger la vida acompañando la vida sin esperanza?

Sagrada tarea la de *refundar la esperanza*
O. González de Cardedal

Mi reflexión quiere ser un *canto de agradecimiento* por los más de 25 años acompañando la V/vida en nuestro equipo Ruaj. Momento propicio de hacer memoria agradecida, renovar nuestros anhelos de vivir el presente con pasión y abrirnos al futuro con esperanza, más allá del tiempo.

Nos preguntamos en primer lugar: *¿acompañamos la esperanza o es la Esperanza la que nos acompaña a nosotros?* Rememorando la experiencia vivida brota un profundo agradecimiento al reconocer a la «Gran Esperanza», que es Dios, y la madurez del proyecto que ahora celebramos. Ella es *aliento* y horizonte de nuestros afanes cotidianos en ese anhelo permanente de contribuir a la misión de Jesús, lograr una vida digna y esperanzada para todos los hombres y mujeres en la familia humana.

Mirando por el espejo retrovisor, la Esperanza suscitada por el Espíritu Santo de Dios ha hecho posible el proyecto mismo de Ruaj y nos acompaña cada día. Se nos descubre en cada gesto, encuentro y programa realizado. La confianza que nos llega de tantas personas, grupos e instituciones, hace crecer la esperanza y activa en nosotros la *responsabilidad* en cada circunstancia y nos sorprendemos fortalecidos por ella en lo profundo del corazón.

La esperanza inspira el horizonte de nuestro acompañamiento: *acoger la Vida acompañando la vida.* Ese continuo ser mediación dándonos crédito unos a otros para abrazar aquello que se pretende, creando juntos condiciones de posibilidad ante las necesidades, cauces para los anhelos del corazón, guiados por la memoria siempre viva de la Promesa y Alianza de nuestro Dios.

Segunda cuestión: *¿es posible acoger la Vida acompañando la vida sin esperanza?* No, no lo es. La respuesta surge de la convicción humilde que se nos da: *"Ruaj es más que un proyecto".* Esta expresión brotó un día, de forma espontánea, cuando caímos en la cuenta de lo que verdaderamente llegaba con el acompañamiento, la esperanza. Eso es Ruaj y eso deseamos transmitir: aliento de V/vida que vivifica, aligera las cargas y pone en pie. Por ello también damos gracias. La capacidad de celebrar la *belleza* en medio de las rutinas de cada día, el *aliento mutuo* en los días difíciles corre por nuestras venas y nos da alas para continuar. "Hoy por ti, mañana por mi ¡gracias!" me repetía una compañera de equipo en cada momento de esponjamiento o aprieto compartido. Cada vez que salimos al encuentro unos de otros la esperanza acontece como raíz de la fortaleza y con ella emerge el *sentido.* ¿Se puede desear un bien mayor con el acompañamiento?

Así vamos aprendiendo algo que parece insólito, esperar no es de locos sino de personas cuerdas. *Esperar es vivir en el mundo real,* los niños lo saben, dice Timothy

Radcliffe[1], lo que nos vuelve locos es desesperar. Esperar es el centro secreto de nuestra humanidad. Más allá de lo que podamos ofrecer con nuestra formación para el acompañamiento, como respuesta a las necesidades y las búsquedas, la esperanza es la señal inequívoca de nuestro seguir creando condiciones –con pico y pala– para que acontezca el mundo real soñado por Dios y lo reconozcamos a Él acompañándonos. En ello nos va la vida y en ello la estamos invirtiendo.

Las semillas de esperanza se siembran y crecen en los espacios comunes, allá donde cada uno somos responsable de los demás y rehenes de su destino[2], porque *la esperanza solo es posible radicalmente en comunidad*. Esto nos enseñan quienes nos hacen inmerecidamente depositarios de su confianza en los encuentros de acompañamiento. Son ellos precisamente, quienes nos ayudan a permanecer y esperar a pesar de todo en el continuo compartir relatos de vida y la vida misma. Se da en situaciones manifiestas o recónditas de búsquedas, alegrías y duelos; pequeñas esperanzas, decepciones y pérdidas guardadas en el corazón. A los testigos los reconocemos porque, ante las adversidades, no se quedan atrapados por los miedos, al contrario, nos sorprenden con su impulso para avanzar por la confianza que sostiene a quienes esperan, según el proyecto de amor que inspira la vida de cada caminante.

Experimentado en ello es el Siervo, del que nos habla el profeta Isaías y del que recoge en el tercer cánti-

[1] Cf. "Esperar contra toda esperanza, conversación de Christophe Henning con Timothy Radcliffe". *La Croix*. 2,1,2024. En: https://alandar.org

[2] Emmanuel LÉVINAS, citado por Olegario GONZÁLEZ DE CARDEDAL, *Raíz de la Esperanza*. Sígueme, Salamanca 1996. 518.

co su testimonio de esperanza: "El Señor me ha dado una lengua de discípulo para que sepa *sostener* con mi palabra al abatido. Cada mañana me espabila el *oído*, para que escuche como los discípulos. El Señor me ha abierto el oído y yo no me he resistido ni me he echado para atrás (...). El Señor me ayuda, por eso he resistido (...) sabiendo que no quedaría defraudado" (Is 50, 4-7).

Para quienes formamos parte de la familia Ruaj, este Cántico bien puede ser leído recordando a Marisa Moresco, nuestra compañera, con su estilo sereno de *resistencia creativa*, y la capacidad para mantenerse *firme* con *fortaleza* y *paciencia*, sin cesar en el empeño. Se nos hizo muy palpable por la cercana convivencia con ella. Ha alentado y alienta nuestra esperanza.

Nuestra aportación centrada en ofrecer algunas *mimbres* para *acompañar la esperanza* está construida desde la experiencia reflexionada del acompañamiento en Ruaj. Comenzamos preguntándonos si *sigue siendo posible anunciar la esperanza* hoy, mirando a los contextos, identificando las alertas que pueden hacernos dudar y evidenciando los caminos para no dejar de anunciarla. Continuamos describiendo *el riesgo de olvidarnos de vivir*, cuando *desesperamos* y algunos itinerarios, que se nos abren ante cada olvido, como retos.

En la tercera parte, compartimos algunos aspectos de nuestra práctica cotidiana, acompañando la esperanza. Con todo ello queremos sumarnos a la marcha de tantos que han caminado y caminan con los ojos fijos en Jesús, Aquel que es nuestra esperanza (1 Tim 1,1).

 

## ¿SIGUE SIENDO POSIBLE ANUNCIAR LA ESPERANZA?

La mirada a los contextos ofrece claves de esperanza o desesperanza, según lo percibido en el gran escenario de la realidad y en cada latitud. Con los ojos del acompañamiento, con vocación de *cuidar, consolar y fortalecer* en las búsquedas y ante la situación global, la pregunta se reaviva: ¿Es posible *hacer crecer la esperanza* de modo que la última palabra no sea el *sinsentido*? ¿Merece la pena seguir arriesgándonos a construir *futuros posibles*, cuando las condiciones de vida son tan desesperadas para tantos? ¿Hay resquicios de esperanza por donde salir al encuentro los unos de los otros, cuando las malas noticias amenazan con cerrarnos el paso y arrebatarnos la vida? La pregunta surge de generación en generación, una y otra vez.

Estudios solventes evidencian el incremento de la desigualdad, el abismo entre las velocidades con las que se desarrolla la vida a favor de unos y en detrimento de otros. La tendencia a vivir el presente y "al día" sin contemplar más horizontes, nos habla del temor a soñar proyectos imposibles, quizá por haber padecido la pérdida de los que –en algún momento– fueron realidad, o bien por vivir con una filosofía que nos tienta sencillamente, a exprimir el momento. ¡Tantas veces nos percibimos *encorvados* por el peso de las mochilas, cargadas de dolor y sufrimiento! Y tantas otras nos descubrimos decepcionados por el engaño del "si quieres, puedes", porque a veces, realmente, no se puede. ¿Cómo conectar con la *fuerza silenciosa* que anida en el corazón humano, capaz de esperar a pesar de todo? Pregunta difícil de obviar cuando afrontamos la vida tal y como se presenta.

 

Vamos a recorrer algunas señales luminosas que pueden orientarnos en estas circunstancias. Lo primero, es el aprecio a la condición humana, no pretender *ser como dioses*. Lo segundo, una mirada lúcida para no confundir la esperanza con sucedáneos vacíos de sentido y pretender ser más que otros. La tercera propuesta es descubrir el carácter *subversivo* de la esperanza y finalmente, os invitamos a escuchar a los *testigos* que alumbran la esperanza cristiana.

## EL APRECIO A LA CONDICIÓN HUMANA NO PRETENDER SER COMO DIOSES

*"Querer ser como dioses"* o el afán de saltarse la condición humana, obviarla, despreciarla, atropellarla es una falacia. De ello nos avisa el libro del Génesis. Nos cuesta aceptar algo tan básico y lo vivimos con profundas resistencias, personales y culturales. Cuesta admitir que no lo podemos todo, que las adversidades y el conflicto nos acompañan cada día[3]. No podemos predecir el futuro, lo único cierto es que al final del ciclo vital nos espera la muerte. Cuantas triquiñuelas y atajos para intentar ser *diosecillos* y evitar la dificultad de vivir a costa de lo que sea, personal y colectivamente. Una porción de tierra, un puerto de mar puede ser valioso por motivos estratégicos y vamos a por ello, obviando las vidas humanas que aniquila su conquista. Lo mismo ocurre con el continuo expolio de la tierra. Dominar es en ocasiones, el valor central perseguido por los Estados, revestido de palabras engañosas y vendido políticamente

[3] Cf. Hannah Arendt, *La condición humana*. Paidós, Madrid 2007 y cf. Lola Arrieta y Elisa Estévez, *Identidades emergentes*. Narcea, Madrid 2023.

 

como necesario. Proyectos que agudizan el abismo de la *desigualdad* y hacen crecer la violencia entre los países, justificando lo que prefieren llamar "daños colaterales".

A los humanos, a veces, basta con ofrecernos *piedras y circo* con mil disfraces, incluso con metralletas o drones, en vez de crear las condiciones para disfrutar de *pan y canto*[4], algo indispensable para vivir. Es una gran contradicción aspirar a ser *más* que humanos, a base de buscar progreso y quedarnos cortos en humanidad, privando de pan a más de dos tercios de ella. Y no solo negar el pan, también el canto, la capacidad de palabra que espanta el miedo a la muerte, celebra las pequeñas esperanzas de cada día, cuida y ampara en cada encuentro. Palabra que fortalece para permanecer activos en la espera. Sin pan ni palabra, la vida se desvanece de manera inexorable.

A desmontar dicha falacia sale al paso el Libro del Génesis ¡No hay atajos para la consumación de la vida humana! La presencia de los dos árboles en el texto da razón del camino de la humanidad en esperanza[5]. En el afán de querer ser como dioses, los macroproyectos económicos y políticos buscan el progreso –dicen que para todos– y, sin embargo, las cunetas y los mares no dejan de acumular cuerpos de seres humanos sin vida.

Los esfuerzos por la transformación social se tornan creativos desde el proyecto global del *cuidado*. El texto del Génesis invita a recibir la tierra y la vida como un bien común de todos y para todos; nos habla de *apre-*

---

[4] Josep María ESQUIROL, *Humano, más humano. Una antropología de la herida infinita*. Acantilado, Barcelona 2021. 7.

[5] Cf. Adolphe GESCHÉ, *El sentido*, Sígueme, Salamanca 2004. Gesché comenta la cita de Génesis 2,9.

 

*ciarla y cuidarla* respetando sus ritmos, reconocer los árboles que ofrecen los nutrientes necesarios para crecer, acoger el lugar que se nos regala en el mundo como casa. Y caminar así cada generación, junto con otros, con responsabilidad para aportar ese algo que nos lleva a ser más profundamente humanos a *imagen* de Dios, puesto que hechura suya somos.

De esta manera, nuestra humanidad se ahonda para conocer y gustar el segundo árbol, el de la Vida, más allá de la vida. Ahí repuntan las raíces de la esperanza cristiana. Con palabras de Metz: "La esperanza de los cristianos en el Dios de vivos y muertos, es su poder de resurrección, es la esperanza en una revolución a favor de todos: los que sufren injustamente, los hace tiempo olvidados y también los ya muertos"[6].

## NO CONFUNDIR LA ESPERANZA CON ILUSIONES VANAS UNA DROGA QUE OCULTA EL SENTIDO

El relato de la torre de Babel, Génesis 11, es el paso siguiente, la consecuencia cuando cedemos a la tentación del "querer ser como dioses". La parábola de la *desmesura* se plasma en el doble proyecto de construir una ciudad que llegue hasta el cielo y nos haga los más poderosos del mundo, la mejor raza o lengua, mejor cultura y religión. Con nuestra forma de vivir, confundiendo la esperanza con ilusiones vanas, nosotros mismos fabricamos la torre, con fantasías de poder absoluto, creyendo poder tocar el cielo con nuestro esfuerzo y las obras de nuestras manos.

---

[6] Juan Bautista METZ, *La fe en la historia y la sociedad*. Cristiandad, Madrid 1979. 95.

Resulta agotador construir la torre y vivir en ella, pero... *"¡estamos a punto de conseguirlo!"*. Ese ha sido y sigue siendo el mantra que corre por todas las latitudes camuflado en las leyes del mercado, los medios de comunicación, las propuestas vacuas de felicidad, que se venden envueltas en papeles de colores. Es la gran ilusión que mata la esperanza y deja a tantos vacíos de sentido.

Este mensaje subliminal circuló desde el siglo de Oro hasta poco antes de entrar en el tercer milenio. Nos hemos abierto caminos, estamos siendo capaces de construir la sociedad y el mundo, sin Dios. Muchos analistas habían alertado de la falsedad de ese discurso por ilusorio y deformado. Las torres gemelas de Nueva York derrumbándose en el comienzo del tercer milenio fueron realidad y símbolo de todo lo que vivimos y creíamos superado. El casi cuarto de siglo último ratifica esta tendencia con los hechos que se suceden y producen titulares sin parar: hambre, enfermedades, guerras, aumento de suicidios, aumento de la pobreza y un largo etc. Las nuevas tecnologías que prometen facilitarnos la vida, aliadas con el consumismo nos enloquecen. La brecha digital cada vez mayor y la ilegible letra pequeña de infinitos contratos y acuerdos en el vivir cotidiano es una continua fuente de engaños y desengaños para muchos de nosotros.

## DESCUBRIR EL CARÁCTER *SUBVERSIVO* DE LA ESPERANZA

*Ante lo que acontece, vacilamos, ¡cómo no!* Del siglo pasado recordamos la pregunta: ¿Sigue siendo posible la esperanza después de Auschwitz e Hiroshima?[7] ¿Dónde sustentarla? ¿O bien, solo cabe ya la resignación al comprobar con dolor, que sus intentos no son más que un último esfuerzo del eterno Sísifo desesperado?[8] ¿Estamos viviendo la era del epílogo?, expresa Gesché con palabras de G. Steiner[9].

Son demasiados los jóvenes que sienten el abandono y la vacilación ante los compromisos amorosos y lo porvenir. Buscan lugares y vínculos donde recuperar la calma y experimentar la seguridad por la incertidumbre que les rodea: *"Ya estoy harto de que a nuestra generación nos toque vivir situaciones extraordinarias"* (crisis económicas, COVID, guerra). En medio de la situación mundial de la que se habla en convenciones internacionales, crece «el mundo del abandono donde causan estragos las modernas plagas de Egipto: el hambre, la enfermedad, la tortura, el terror, el éxodo, el abatimiento, la desesperanza»[10].

No es tiempo de resignarnos, ni de caer prisioneros de los miedos. Al contrario, es tiempo de esperar, esperar a pesar de todo. La resignación pone punto final al hoy sin ninguna apertura al horizonte. Sin embargo, la

---

[7] Cf. Ernst BLOCH, Emil L. FACKHENHEIN, Jürgen MOLTMANN, R. CAPPA, *El futuro de la esperanza*. Sígueme, Salamanca 1973, 127-134. Y cf. Johann Batist METZ y Elie WIESEL, *Esperar a pesar de todo*, Trotta, Madrid 1996. Quiero agradecer a mi amigo Carlos Martín Martín las conversaciones tenidas sobre la esperanza cristiana y todas las luces que de él recibí, con motivo de esta reflexión.

[8] La mitología griega reconoce la falta de esperanza como el mayor castigo que los dioses pueden imponer al ser humano. Sísifo, condenado a subir una roca hasta la cima de una montaña sin conseguirlo, representa el mito del esfuerzo inútil, del sinsentido, el absurdo.

[9] GESCHÉ. *El sentido*. 133.

[10] GESCHÉ. *El sentido*. 133, citando a E. POULAT, *L'Ère postchrétienne*, Flammarion, Paris 1994. 192.

esperanza y la paciencia ven en el presente difícil un campo propicio para sembrar en él semillas de cambio.

Por eso la esperanza es *subversiva*. Porque donde parece que no hay salida, la pequeña y humilde esperanza abre rendijas casi invisibles por donde emerge la luz. Su fuerza nos anima a afrontar situaciones adversas sin que aparentemente haya nada que la sostenga.

En esta coyuntura es una osadía apasionante dar testimonio de la esperanza y acompañarla. Implica tolerancia cero ante la indiferencia y la resignación. No pacta con la sumisión ante la fatalidad, y se muestra especialmente subversiva al plantar cara a la desesperación y la desmesura de lo irreal.

El lenguaje de la esperanza no está hecho de ilusiones ni palabras huecas. Al contrario, es una práctica *performativa* para defender el derecho a la esperanza, entraña de la condición humana, raíz y horizonte.

No es fácil que las cosas en el mundo cambien a mejor a corto plazo. Sin embargo, la esperanza nos invita a resistir desde el propio rincón del mundo que habitamos. En tiempos de desorientación e incertidumbre, se nos pide mantenernos centrados en lo más nuclear, la *alteridad*: salir al encuentro, tender la mano, hacer camino juntos. Así lo pensamos y practicamos desde el acompañamiento. Quizá nuestra contribución sea muy humilde, pero es de radical importancia permanecer en ella hoy.

Gesché fundamenta nuestro anhelo. Propone compaginar la loca esperanza con las precauciones de la sabiduría, creando un espacio nuevo para una esperanza posible y reimaginable. "La sabiduría está aquí para hacer que las posibilidades de la esperanza sean reales, para que su camino y su futuro resulten de nuevo imaginables, familiares, posibles"[11].

Se trata de cultivar una *«ética de la responsabilidad»*. No solo imaginar la esperanza a base de proclamas y convicciones que no se corresponden con la vida real. Proponer unos fines pide unos medios. Es decir, crear condiciones para que lo que perseguimos pueda ser.

Este modo de entender la sabiduría nos aleja tanto del voluntarismo como de las ideologías y nos acerca a la conexión con lo profundo de nosotros mismos, de donde puede emerger *significado* para lo que vivimos, sentido para descansar sin sobresaltos, tomar aliento y seguir hacia delante afrontando lo que la vida nos presenta.

### CULTIVAR LA *ESPERANZA CRISTIANA*, RECIBIDA A TRAVÉS DE LOS TESTIGOS

En el siglo XX, pasada la catástrofe de las guerras mundiales, se da el renacer de la esperanza y se escriben grandes tratados sobre la esperanza cristiana[12]. Olegario González de Cardedal cita con admiración y agradecimiento a una docena de autores[13]: "Estamos ante la sagrada tarea de refundar la esperanza (...) hay que repensar y reemprender el camino de la esperanza"[14]. En varias ocasiones escuché a Juan Martín Velasco comunicar con fe esperanzada esta convicción. Su voz, como

[11] GESCHÉ, 135, (132-135).

[12] Juan Luis RUIZ DE LA PEÑA, *La Pascua de la creación*. BAC, Madrid 1996. 7-12.

[13] Autores citados por GONZÁLEZ DE CARDEDAL: C. Péguy, G. Marcel, Teilhard de Chardin; E. Bloch, J. Moltmann, G. Gutiérrez; P. Laín Entralgo, J. María, J. Alfaro; K Rahner, V. Balthasar, J.L. Ruíz de la Peña.

[14] GONZÁLEZ DE CARDEDAL, 481.

una saeta se colaba hasta lo profundo. Este es el fundamento y meta de nuestra esperanza: dar testimonio de ella, nuestra misión. Y en esas andamos.

Muchos de nosotros aún tenemos en la retina la imagen del papa Francisco como testigo de la esperanza en aquel Viernes Santo de 2020, en plena pandemia del coronavirus, ante el crucifijo medieval de la peste procedente de la Iglesia de San Marcelo al corso de Roma. Una procesión muy concurrida lo llevó por Roma en 1522; ahora el Papa está solo ante esa cruz delante de la plaza casi fantasmal de S. Pedro sin nadie. ¿El vacío de aquella plaza y el Papa solo en ella, evidencian que ya no hay espacio para la esperanza? Al contrario, aquella imagen es un anuncio permanente de la esperanza cristiana. Pedro estaba allí, bajo la figura de su sucesor, Francisco, anunciando la resurrección: "Christus vivit". Ha resucitado.

En todo tiempo y, en especial en las situaciones de emergencia, la esperanza nos viene de otros. Somos hoy mediadores de esperanza para gran parte de la comunidad humana, no solo para los cristianos, como lo fue el papa Francisco en aquella imagen inolvidable.

## ¿NOS ESTAMOS OLVIDANDO DE VIVIR?

¿A qué atender para no abandonarnos unos a otros? Convivimos en familia, grupos y comunidades. Coincidimos en la escuela, centros sociales, hospitales, iglesias y juzgados; tiendas, lugares de recreo, espacios naturales o virtuales, lugares de tránsito. Esperanza y desesperanza caminan juntas por la calle. Nos saludamos con la mirada, percibimos la cadencia de nuestros cuerpos, el modo de estar, los rasgos del rostro, el modo de hablar. La experiencia de sentirnos acompañados surge cuando en cada una de estas situaciones se da el encuentro.

La esperanza gusta de buscar y buscar sin cejar en el empeño, abrir y recibir, salir a compartir mesa y comida, conversación y deseos, risas y juegos. La desesperanza, por el contrario, aleja y encierra. El temor busca refugios y aborta búsquedas. Cuando la dificultad de vivir aparece por cualquier esquina, el miedo se adueña de la vida, las fuerzas se debilitan y no vislumbramos puertas de salida.

¿Qué nos queda cuando desesperamos? Deambular como zombis o náufragos a punto de sucumbir, en espera de ser avistados por algún vigía[15]. En el presente fallan los asideros, el pasado *pasó*, el horizonte no existe. Esta situación reiterada en el tiempo nos coloca en un trance difícil ¡De vivir, podemos ir olvidándonos! Solo queda sobrevivir.

Cuatro olvidos fundamentales nos afectan: a) el olvido de ser; b) la pérdida de la palabra; c) el rechazo del prójimo; d) la distancia frente a Dios[16]. Olvidos que se transforman en retos y objetivos para acompañar la esperanza: la recuperación de la *palabra, el cuidado mutuo, la posibilidad de vivir y el horizonte de sentido*, indispensables para la vida.

## EL OLVIDO DE SER

Nos olvidamos de vivir cuando perdemos el *sentido de realidad*. Olvidando o negando quienes somos, el suelo se tambalea bajo los pies y las expectativas se deforman. Falla

---

[15] Cf. Lola ARRIETA y Elisa ESTÉVEZ, *Acompañar en las periferias existenciales*. Narcea, Madrid ²2022.

[16] GONZÁLEZ DE CARDEDAL, 410-411.

el GPS de la existencia, desorientados sobre quiénes somos, imposible pensar con claridad lo que podemos hacer o esperar. Conscientes o no de ello, perdemos el control sano de la vida, faltan cauces para identificar las necesidades propias y ajenas, habilidades para articular respuestas proporcionales y atender a ambas. Con la mente embotada los deseos se desvanecen y se borran las palabras de vida que orientan el camino, porque "cuando se cierran esas venas de la memoria del origen y de la esperanza del puerto, se hace incierta la navegación"[17].

El olvido de ser se produce por el atropello de la *dignidad* humana. La falta de respeto provoca el accidente. Las consecuencias son de un alcance impredecible. Algo así como practicar ejercicios de acrobacia sin experiencia y sin red. Despojados de dignidad, nos quedamos desolados y desorientados, esto es, sin suelo, sin casa y sin horizonte. Para millones de personas este atropello de la dignidad se concreta en la falta de mínimos para vivir o en la pérdida de la vida por un mal evitable. Para otros se extravía el sentido y con ello, falla el proyecto de verdadera humanidad. Cuanto mayor es la dificultad de vivir más ajenos a nosotros mismos nos sentimos. "¡No me reconozco! ¡No sé qué me pasa!".

El camino de superación de esta amnesia y la vuelta a la vida pasan por *sanar la memoria*. Conocerse, acogerse y orientar el camino son itinerarios imprescindibles para reajustar las expectativas y abrirse a la vida. Esta tarea de acompañamiento es personal y colectiva. Requiere condiciones que hacen posible la dignidad de vivir, la vida misma y avanzar así desde el presente hacia el futuro.

---

[17] González de Cardedal, 409.

## LA PÉRDIDA DE LA PALABRA

Pensar y significar lo que vivimos con palabras es propio de humanos y nos humaniza. La comunicación es posible por ese intercambio de mensajes expresados de manera verbal y no verbal. La capacidad de palabra posibilita las relaciones. Pero existen muchas situaciones cotidianas que nos dejan *sin palabras*. No nos referimos aquí al silencio profundo del corazón. La pérdida de palabra se produce cuando se cortocircuita el contacto con la realidad y es el miedo quien coge el timón.

La *palabra* llega con la recuperación del *contacto* consigo mismo y con el *presente*, una de las tareas estrella para hacer crecer la esperanza. Hay experiencias de alta intensidad emocional que no son fácilmente digeribles, quedan en algún lugar del cerebro como *palabras perdidas*, bloqueando el pensamiento y en espera de ser liberadas por la escucha de alguien, que pueda comprenderlas. Hay otras experiencias de alta intensidad que también se cuelan hasta lo profundo del corazón, estas ayudan a respirar y hacen vivir. Asistimos al nacimiento de *palabras de vida*, cargadas de esperanza. Estamos en el umbral del sentido.

## EL RECHAZO DE LOS OTROS

Es el rechazo del prójimo. Supone encerrarse en la insuficiencia o la autosuficiencia sentida y padecida y, como consecuencia, alejarnos de los demás, vetando su entrada en la tierra común, usurpando su espacio y excluyéndolos descarada o solapadamente de la gran familia humana.

Pretender subirse a la cúspide de la torre desde la que miramos a los otros hacia abajo o escondernos en el sótano, por miedo a los demás, es el error más grande. Estos comportamientos matan la esperanza. Rotos los vínculos y los lazos de convivencia por los que circula la savia de la vida, perdemos y negamos a los otros, la condición de vecino, ciudadano, amigo, hermano. Esta situación destruye cualquier hilo de esperanza que pueda servir para la reconexión y nos lleve de nuevo a la apertura a los otros.

La alternativa es precisamente, el acercamiento y el encuentro. Abrirse a la relación, a los semejantes y diferentes. Se trata de cooperar y compartir juntos la responsabilidad en la construcción de cualquier futuro posible de vuelta a la vida. Porque "la esperanza solo puede venirme del otro y no de mi acción de anticipar el futuro. Si me encierro en mí mismo no tengo la posibilidad ni de recomenzar, ni de sentirme perdonado ni de esperar. Ni siquiera puedo prometer o engendrar una nueva vida"[18]. El vínculo cómplice entre los otros y nuestra esperanza, es la expresión de la alteridad, la llamada a la «sabiduría del otro»[19], la que hace crecer el sentido de *pertenencia* a la humanidad.

## LA DISTANCIA FRENTE A DIOS

En la *distancia frente a Dios*, la mirada a la realidad es plana, absolutamente plana, nos quedamos en la superficie de las cosas que no van más allá de lo que podemos sentir y se puede verificar. En nuestros contextos, crece el número de quienes nos alejamos de Dios o per-

[18] GESCHÉ, 150. Citando a R. BERNET, *L'autre du temps*, en E. LÉVINAS, *Positivité et Trascendance*. 143-163 (en especial, 157-158).

[19] GESCHÉ, 150.

manecemos indiferentes ante Él, por ignorar su Presencia escondida en todo lo que existe o por resistencias múltiples que nos hacen abandonarlo sin más, dejando que los caminos a Él se desdibujen.

Hay otra forma de situarnos, la de hacer camino hasta el lugar del corazón que los cristianos reconocemos habitado por el Espíritu. Allá en lo profundo, nada de lo percibido se pierde, da paso a una mirada más reflexiva y contemplativa, la de la esperanza. Nos mueve a confesar "en El vivimos, nos movemos y somos" (Hch 17,25-28) Su Presencia en cada realidad vivida es más real que la realidad misma.

Son diversas las *resistencias* percibidas en la práctica del acompañamiento que explican esta distancia frente a Dios. Algunas podemos padecerlas los mismos acompañantes: a) hay quienes no niegan la existencia de Dios, pero en la práctica, *prescinden* de él; b) están los buscadores de sentido al margen de Dios, pues les resulta *increíble* reconocer su existencia; c) existen aquellos a quienes Dios les resulta *insoportable* y han optado por alejarse de él, como consecuencia de unas mediaciones institucionales asfixiantes; d) Otros se alejan de Dios porque su mensaje resulta oscuro, *abstracto*, confundidor, una propuesta de sentido más entre otras muchas; e) están, por fin, los que han crecido con la experiencia verificada de que es posible un proyecto de vida con sentido, gozosa y solidaria con los demás, *prescindiendo* de Dios[20].

Acompañar la esperanza pasa por captar y comprender estas resistencias no como un rechazo rotundo a Dios sino una distancia, un alejamiento que puede llegar a ser mediación y camino para el encuentro con Él en lo profundo del

[20] Cf. André Fossion, *El Dios deseable. Un impulso hacia la fe*. Sal Terrae, Santander 2022.

corazón, porque "Dios no está lejos de ninguno de nosotros" (Hch 17,27) La fe esperanzada crece y se purifica, precisamente, en experiencias de resistencia y ausencia. Es ahí, en los entresijos de esa ausencia donde la Esperanza actúa, cuando se dan mediaciones que nos permitan reconocerla.

La Presencia del Misterio que los cristianos llamamos Dios, nos precede –seamos o no conscientes de ello– y es esa Presencia de la que disponemos, la que nos hace resentirnos (y resistirnos), echar de menos sin saber bien qué y ponernos a buscar. De ahí la importancia de salir al encuentro, que se nos afine el oído para recuperar los caminos al corazón y no caer en la indiferencia. La nostalgia de Absoluto no es solo un deseo, la misma razón humana es también una huella de Dios en nosotros[21].

En la recuperación de estos olvidos, la afirmación antropológica *disponer de sí para hacernos disponibles*[22] nos sirve para orientarnos. *Disponer de sí* se identifica con la *consciencia de existir*, con la *palabra* que reflexiona, piensa, dialoga y decide. *Hacerse disponible* se relaciona con el *abrirse a los otros* y contar con ellos e igualmente *reconocer al Misterio*, presente en nuestros corazones y en el corazón de toda realidad.

Ruiz de la Peña lo repetía: "ser persona es ser libre y ser libre es ser persona" No percibimos el mundo como un escenario en el que Dios mueve a su gusto los hilos de la trama. Nuestro Dios no es un monologuista que decide y actúa a su antojo su voluntad sobre nosotros. La fe concibe la relación con los humanos, como el diálogo entre

[21] Juan Martín Velasco y Andrés Torres Queiruga, *Conversaciones en Pedralbes*. Youtube. El paréntesis lo añado al texto.

[22] Juan Luis Ruiz de la Peña, *Imagen de Dios. Antropología teológica fundamental.* Sal Terrae, Santander [4] 1998. 187.

dos libertades. La llamada vocacional a la existencia es, en sí misma, una llamada a la libertad que espera una respuesta también en libertad. Ahí se juegan los derroteros que seguirá la vida, también la recuperación de la esperanza. Para ir de su mano vamos a dialogar con ella.

## DE LA MANO DE LA ESPERANZA

Me dirijo a ti, esperanza, como interlocutora. Perdona mi atrevimiento, así me resulta más fácil expresar cómo te percibo en mi vida y en tantos testigos en los que te reconozco.

*Esperanza ¿quién eres realmente?* En la literatura son muchos los autores que te cantan. De Dante se cuenta que identifica tu ausencia con el infierno. En salud mental decimos que tu ausencia nos lleva a enfermar. Los cristianos, te nombramos junto a tus hermanas: fe, esperanza, amor (1 Cor 13,13). La fe se pone a tu servicio, nos ofrece seguridad porque confía en ti (Heb 3,6). Y tú, esperanza, emerges con fortaleza inimaginable, nos haces levantar la cabeza hacia el horizonte, con pasión, osadía y paciencia, para llevar adelante retos insospechados, anticipando ya aquí, en la medida de lo posible, el proyecto de familia en inclusión soñado por Dios.

Péguy, poeta clásico, te canta y describe con inmensa ternura, como la hermana pequeña de las tres, no porque seas la menos importante, sino como una forma de denuncia a quienes, en nombre de la religión, te devalúan cargando las tintas en el miedo o el temor[23].

[23] Charles PÉGUY, *El Misterio de los Santos Inocentes*. Encuentro, Madrid 1993.

En una historia personal transida de sufrimientos, en su contexto de violencia y guerra, Péguy fue un hombre resiliente. La fortaleza y paciencia con la que vivió le libraron de caer en la desesperación. En este trance, su "bien-decir" sobre ti, esperanza, es testimonio de tu entraña, de vuestra complicidad y de la confianza con la que afrontó las adversidades que se le presentaron.

Te percibe como la que se levanta todas las mañanas y da los buenos días. La primera que saluda al pobre y al huérfano, la que aporta la alegría de vivir. Reconoce que no tienes problemas de sueño, quizá por la experiencia confiada de saber a tus hermanas mayores, la fe y el amor, velando siempre. Dice de ti que "no eres más que esa pequeña promesa de un brote que se anuncia justo al principio de abril"[24]. Colgada de los brazos de tus dos hermanas mayores, aparentas dejarte arrastrar como una niña que no tuviera fuerzas para andar, cuando en realidad eres tú la que haces andar a las otras dos y a todo el mundo.

Nos sorprende tu confianza en la vida, esperanza, Esa capacidad tuya de descubrir la semilla que repunta en cada situación por muy enmarañada que aparezca y las convicciones para no desesperar. Desmontas los argumentos de quienes se resignan y sostienes a quienes tratan de huir abrumados por el sufrimiento. Eres capaz de soportar el invierno más duro sin señal alguna de mejoría y esperar con serenidad el futuro cuando el horizonte está absolutamente desdibujado. Las razones para no desesperar se vuelven fuerza creativa, para resistir a lo establecido y arriesgar provocando cambios.

---

[24] Charles PÉGUY, "La esperanza, una niñita de nada". En: *El pórtico del misterio de la segunda virtud*, Encuentro, Madrid 1992.

 

Tu presencia se reconoce por la fe en el futuro de vida plena, precisamente porque Cristo ha resucitado y "con su Resurrección, la puerta oscura del tiempo, del futuro, ha sido abierta de par en par" (Benedicto XVI, Spe Salvi).

## LA V/VIDA REPUNTA DONDE TÚ ESTÁS

Llevo años en esto del acompañamiento y no deja de sorprenderme, al tiempo, descubrir tu fuerza y la facilidad con la que me olvido de ello. Continuamente me aplico en este ejercicio de consciencia para reconocerte y hacerte presente en los encuentros. Hablamos de la importancia de mirar a los otros con los mejores ojos posibles y ojos realistas[25]. Desde la fe cristiana, sabemos la radical importancia de mirar con los ojos del corazón para descubrirte (cf. Ef 1,1-18)[26]. En esa mirada quiero crecer.

Somos testigos de que la V/vida repunta allá donde tú estás, y, aun así, en muchas situaciones te desestimamos, ignorándote, polarizados por la negatividad y el dramatismo de lo que acontece. Damos más visibilidad a los miedos y temores que a ti, esperanza. ¿Será que al percibirte tan pequeña no nos das seguridad?

Te descubrimos en el *impulso corporal y* dinámico que hace posible la vida, al tirar hacia delante, crecer y aventurarse a explorar lo porvenir. Te reconocemos en *el grito* del náufrago a punto de sucumbir, pues si grita

---

[25] Cf. Dolores MOSQUERA y Anabel GONZÁLEZ, *Trastorno Límite de la Personalidad y EMDR*. Pléyades, Madrid 2014.

[26] Esta es petición que hace Pablo para los creyentes-acompañantes: "Yo también, al tener noticia de vuestra *fe* en el Señor Jesús y de vuestra *caridad* para con todos, no ceso de dar gracias para que Dios os conceda espíritu de *sabiduría* y revelación para que *ilumine los ojos de vuestro corazón* y conozcáis cual es la *esperanza* a la que habéis sido llamados por Él" (Ef 1,15-18).

es que ama la vida y espera. Nos alientas cada vez que te descubrimos en quien no se cierra en su fatalidad, muy al contrario, es consciente de su situación y se abre a quien le pueda echar una mano. Te percibimos actuante en cada mujer o varón, en cada grupo solidario o colectividad que se pone en marcha y se organiza para salir al encuentro de otros buscadores[27].

Te reconocemos en nuestro *psiquismo*. Vemos tu huella en quien encaja las frustraciones inevitables de la vida; la disposición a encontrar lo bueno en cualquier parte, quien tiene un por qué para vivir y continuamente se supera; quien pondera sus decisiones y calcula sus inversiones en beneficio del amor. Eres fuerza imprescindible para sostener la vida y contribuyes a la salud integral. Alegría y agradecimiento. Deseo y osadía. Resiliencia, fortaleza y paciencia. Nos ayudas a pensar con sabiduría, sin perder un ápice de pasión. Eres sentido y salvación. Tus señas de identidad no engañan, arraigas en lo profundo del corazón.

## LA ESPERANZA CRISTIANA

Cuando lanzamos un objeto al aire y llega más alto del impulso dado, nos sorprendemos ¿Qué está pasando? ¿Cuál es esa fuerza que lo *lleva* más allá de la lógica física? Reconocemos ahí al Espíritu, como *viento* que mueve, fuerza que arrastra. El provoca transformaciones inimaginadas en y a través nuestro, sin sustituir ni anular nuestra libertad. Así también apareces tú, esperanza, reflejo mis-

[27] Cf. Nurya MARTÍNEZ GAYOL, "Desde la esperanza", en: Gabino URIBARRI BILBAO y Nurya MARTÍNEZ-GAYOL, *Raíz y Viento, La vida consagrada en su peculiaridad*. Sal Terrae, Santander 2015, 195-203. Me gusta la belleza de este relato sobre la esperanza.

mo del Amor de Dios. El Espíritu manantial inagotable, nos asegura que tú no defraudas (Rom 5,5; 15,13), bebes continuamente de ese amor, estás ahí, te activa. Llegas, circulando por las venas de quienes esperamos, nos sostienes y serenas de mil formas. Por tu impulso y tu acción, recibimos ese *consuelo* de Dios que nos *consuela* para consolar (2Cor 1, 4-5d) en toda dificultad.

Saber que estás en las raíces de nuestra condición humana y en el horizonte prometido de vida plena, nos apremia. ¡Y en esas andamos! con el anhelo de avivarte en cada corazón, Esperanza, con atención para detectar tus señales, por pequeñas que sean, hasta poder confesarte como la gran Esperanza que es Dios mismo. Dar razón de ti (1Pe 3,15) a quien la necesite. Nos urge recuperarte.

Te reconocemos acompañándonos cuando en las arenas movedizas de nuestra vida, siempre sometida al constante fluir, eres "*ancla segura y sólida* de nuestra alma" (Hb 6,18) Te nos muestras como el *Dios de la Promesa que guía y salva.*

No nos dejas esperar en solitario, siempre con otros. No hay esperanza sin confianza, sin la fianza que confiere a mi yo el tú que conmigo forma un nosotros[28].

No nos dejas mirar para otro lado. Estás hecha de un potencial subversivo que activa nuestra energía y vigoriza nuestro ánimo que se vuelve esperanzado.

Nos dotas de luz larga para valorar cada cosa en su justo lugar. Contigo, se nos hace posible acompañar con discernimiento, *sabiduría y responsabilidad.* Vestida con esa luz de sentido que tanto te gusta, te cuelas por las

---

[28] Juan Luis Ruiz de la Peña, *La Pascua de la Creación: Escatología.* BAC Madrid 1996. 27-30. Del mismo autor: *Una fe que crea cultura.* Caparrós, Madrid 1998. 284-289.

rendijas de nuestros contextos y nos das alas para ser creativos en cada situación.

Nos enseñas a vivir en tensión entre el "ya" y el todavía "no" cuando nos regalas atisbar lo que puede ser y todavía no es, pero debería ser. Nos impulsas para permanecer en el intento con fortaleza y paciencia.

Así nos acompañas. Haces posible el milagro de esperar a pesar de todo. Dios es el fundamento de la auténtica esperanza humana. Abres un horizonte ilimitado ante lo que es imposible para nosotros, pero no para Dios. La esperanza de la que hablamos no se basa en los números o en las obras, sino en aquel en quien hemos puesto nuestra confianza.

En un muro de una gran ciudad está escrito: "Si ayudo a una persona a tener esperanza no habré vivido en vano" y al lado, el rostro de Luther King. ¡Eso practicamos en el acompañamiento!

## LOS ENCUENTROS DE ACOMPAÑAMIENTO: UNA CITA CON LA ESPERANZA

La esperanza como un *puente*
marca el camino al señalar la otra orilla
María Zambrano

En esta parte abordamos la práctica de aportar esperanza y secundar su acción en el acompañamiento: ¿Cómo abrir espacio, rescatar la esperanza? ¿Cómo acompañarla en el tiempo?

En el acompañamiento confluyen dos esperanzas, la del que busca ser acompañado y la de quien se dispone a acompañar. Cada encuentro es, está llamado a ser, ese espacio seguro y humano al que acude la esperanza y comienza su acción, como obra de arte plasmada en un lienzo blanco.

## ABRIR ESPACIO A LA ESPERANZA

Llegamos con la "*confianza* de conseguir algo que necesitamos o deseamos"[29]. Acudimos al primer encuentro confiando en otros a quienes les ha ido bien. La esperanza fortalecida o maltrecha de quien busca ser acompañado asoma por ahí.

Nos disponemos a acompañar saliendo al paso de los otros, abriéndonos para recibirlos si la iniciativa ha sido suya. Secundamos esa confianza o la sembramos si escasea con el saludo, la mirada, la sonrisa, la presencia respetuosa y receptiva. La actitud de acoger aquello que se presenta como anhelo o dificultad se transforma en un acto de reconocimiento. ¿Qué quieres? (cf. Lc 18, 41) ¿Qué buscáis? (Jn 1, 38) ¿Qué necesitas? ¿Me das de beber, que tengo sed? (cf. Jn 4, 7) ¿Sabéis dónde podremos comprar pan para tantos (Jn 6, 5)? Este modo de acercamiento, como forma habitual de iniciar conversaciones, lo aprendimos del Jesús de los evangelios.

En el intercambio de esperanzas surge el *vínculo*, modo de relación significativa por lo que afecta y compromete a quienes lo viven. Al acoger lo que se presenta como necesidad o anhelo, nos disponemos a recorrer con ellos un tramo del camino. Ahí nace el *nosotros*, el sujeto

[29] Así define a la esperanza el diccionario de María Moliner. Y lo asocia con verbos como: abrigar, alimentar, acariciar, crear.

central de la esperanza, ese espacio trascendido, más allá del tú y del yo, en el que gestar juntos lo porvenir.

¿Cuál es la actitud que lo posibilita? la propia de ser *compañeras* y *compañeros*, nadie más que nadie, ninguno por encima o por debajo de los otros. Cada uno ocupando su lugar. La dignidad nos vincula a quienes somos parte de la gran familia humana. La conciencia creyente de ser hermanos, lo posibilita.

Con los pies descalzos, como señal de respeto, en relación de horizontalidad, emprendemos la aventura de buscar y esperar juntos, adentrándonos en el territorio vital de cada acompañado.

La búsqueda de Dios nos llevará a rastrear las huellas de su Presencia hasta encontrarlo en ese impulso de la esperanza que les motiva y lanza para continuar el camino. Con los niños ofrecer seguridad, celebrar su capacidad y valía, alentar que se arranquen para afrontar nuevos retos. Al lado del enfermo, el silencio empático o la palabra oportuna que abraza y ampara. A quienes buscan ayuda ante la dificultad material de sostener la vida, les orientamos hacia recursos posibilitadores. Para quien se presenta necesitado de sentido, caminamos hacia el corazón hasta encontrar la palabra de esperanza que sostiene.

En toda situación la *escucha* será lo primero. Suspender los juicios y prejuicios en el interior, contener las propias emociones. Solo silenciados en el propio interior propiciamos el espacio para el encuentro entre las dos esperanzas, ambas se funden en un abrazo diferenciador ratificado por la palabra conclusiva de las necesidades y anhelos compartidos y señala la dirección del camino. En el acompañamiento no hay dos aventuras idénticas. Aun en un mismo ámbito, cada persona y cada grupo vive sus singularidades: el discernimiento de una vocación, crecer en la relación con Dios, clarificar una situación difícil, una toma de decisión, duelo, enfermedad terminal y tantas otras.

Lo importante es comprender la esperanza de quien llega, ponernos en su lugar, escuchar de dónde le viene y transmitir con nuestras palabras que el pábilo de la esperanza no se apaga. Es necesario esperar, esperar siempre. Cuando la espera se ve frustrada y da la cara la desesperación, las palabras de la negatividad (bloqueo, impotencia, violencia, sufrimiento, muerte), amenazan con destruir los puentes de la esperanza. Urge entonces recurrir a las palabras *alternativas*, palabras de vida (solidaridad, posibilidades, cauces, testigos). Palabras pronunciadas como palanca, que ayudan a permanecer en la realidad, nos liberan del atrapamiento de la inmediatez y rescatan a la esperanza misma de su extinción.

## AL RESCATE DE LA ESPERANZA: ¿DÓNDE ESTÁS?

Somos conscientes de la tela fina que separa la esperanza de la desesperanza. ¿Cómo erradicar una y fortalecer la otra? El acompañamiento busca detectarla allá donde esté por muy oculta y desfigurada que se encuentre, como un zahorí en busca de agua. Vamos a verlo de la mano de Lucio, Susana, Nuria, Yamil y Pierre Anthon[30].

> Mi andamiaje de fe se me ha caído, dice Lucio con sus 55 años. He vivido una fe a base de puños, de voluntarismo. Ha llegado un momento en que la fe se me ha hecho insoportable. Y en torno a ella está

[30] Relatos familiares para el equipo Ruaj, inspirados en situaciones reales y compartidos en encuentros de acompañamiento.

> construido mi proyecto de vida. Todo se me ha caído. Ahora solo queda un solar, un gran solar, a la intemperie, sin nada y una escombrera al lado, con todo lo vivido. Creo de corazón lo que está escrito que "la Presencia no está lejos de ninguno de nosotros" pero yo ahora no la siento. Lo único que puedo hacer es reconocer mi voluntarismo para vivir la fe y... ya ves a donde me ha llevado, ya no puedo más.

El trance de Lucio lo tiene al filo de la *desesperación*. Como la bola de nieve se deslice hacia el abismo, qué difícil será salir de ese pozo cuando los proyectos se frustran y el presente se hace insoportable de vivir. ¿Dónde estás esperanza? ¿Te has quedado en ese solar a la intemperie desde dónde habrá que sostener la vida? ¿Estás en la escombrera hecha añicos? ¿Estás en la tierra del solar? Algunas preguntas-puente, a modo de desvío provisional pueden alejarnos del filo del abismo y ayudarnos a contactar con la realidad: ¿Qué buscas ahora en el acompañamiento? ¿Qué anhelas? ¿Qué es verdad para ti, de todo lo vivido? Aunque todo esté hecho añicos en este momento, queda la tierra, el solar, lo que se ha caído es la construcción. Una tarea paciente será tomar consciencia del *movimiento hacia la vida* dado por Lucio al buscar acompañamiento y, a la vez rescatar entre los añicos, el contacto con la *tierra* que le sostiene, las *experiencias valiosas* en medio de la escombrera. Será lo primero a salvar, antes de que una grúa se lo lleve todo. Es necesario facilitar *contacto* para *rescatar su posibilidad de ser* y recuperar las *memorias fundantes* mediante la *palabra* que vivifica.

> Me acuerdo de Susana, con sus 29 años recién casada y ya casi veterana en su trabajo, con cuatro años de experiencia: "Tener este espacio de acompaña-

> miento para profundizar lo que vivo me da seguridad. Me parece imposible estar donde estoy, pero temo fastidiarlo, hacerlo mal, por no enterarme bien de lo que vivo. ¿Qué puedo celebrar? ¿Qué no? ¿Cuál es la brújula por la que guiarme? Como si notara que vivo por compartimentos: ahora esto, ahora lo otro. No sé, no acabo de estar contenta, algo se me escapa y eso no me deja bien. Tengo tanto afán de controlarlo todo, me critico tanto a mí misma. Y esto, ¿a quién se lo voy a contar? Me dirán que estoy tonta".

El relato de Susana me llega como Buena Noticia. Como si escuchara, dicho con una metáfora: "estoy embarazada de *palabra de sentido*, pero como soy primeriza no reconozco las señales, no sé qué me pasa y me asusto, lo que sé es que me siento movida a buscar". La esperanza está pidiendo a gritos ser *atendida*, pide ser *acogida*, dejarla *crecer*; hacerle espacio para hacerse compañera de Susana y andar años arriba hacia la adultez plena. La tarea sagrada de reemprender el camino de la esperanza, se hace verdad aquí. ¿Qué puedo celebrar? ¿Cuál es la brújula por la que guiarme? Preguntas *fecundas* en boca de Susana. En ellas la esperanza emerge: "por ahí, continúa hasta enfocar bien el horizonte", hasta dar a luz la palabra de sentido. Lo demás, vendrá después.

> Así se expresa Nuria, 42 años. Llega con un préstamo de esperanza. "Estoy aquí por la mediación de mi mejor amiga, por mí no hubiera venido. Me siento incapaz de comunicarme, en especial lo que duele dentro. Creí que con la separación de Ángel las cosas irían a mejor pero no, está siendo lo contrario. Otra equivocación más, como fue la de casarme con él, por presión, estaban todos tan convencidos: mi familia, mis amigos. Todos estos meses, cada vez más

> desánimo, irascibilidad, miedo y aislamiento. Y así estoy, cerrada como una ostra es como mejor me siento. No quiero hablar con nadie, tampoco con Dios que tanto me ha alentado siempre".

*¿Dónde aparece la esperanza en el relato de Nuria? ¿Hay algún hilo del que tirar? O de lo descuidada* que está no hay modo de contactar con ella. La luz se enciende cuando prestamos atención –en primer lugar– a lo que *hace,* no a su discurso. Nuria dice sentirse incapaz de comunicarse y *se está comunicando.* No querer venir y *ha venido.* Estar cerrada y *se ha abierto.* Ahí está la esperanza. Nos toca recoger ese impulso y hacer de palanca para continuar. El primer mensaje de Nuria no son las palabras, son los hechos. A veces el cuerpo se adelanta a nuestro cerebro en la toma de decisiones.

> Yamil, migrante afincado en el país de destino elegido, tras años de lucha y superación, expresa así su convivir con la esperanza: "*Tras decisiones difíciles* y dolorosas para dejar mi país, mi gente, mi tierra, mi trabajo, llegue aquí en patera. Los primeros días la *euforia* me hacía ver todo de color esperanza, pero los colores del arco iris duraron muy poco, llegó el *choque con la realidad.* Me transformé en enfado, desconfianza y rechazo. No podía más de *rabia y frustración,* la impotencia me devoraba, estaba *abatido y paralizado.* Hasta que pensando y hablando con otros, llegó la idea liberadora: "es lo que hay... o abandonas o te pones a trabajar para conseguir tus sueños". ¡Y así fue como reemprendí el camino de la esperanza! *Acoger y juntarme* con otros, aprovechar las condiciones que lo hacen posible.

La esperanza en Yamil, ¿muestra *buena salud* o no? ¿Nos quedamos con su foto fija del hombre abatido y paralizado? ¿Con la del eufórico falto de realidad? La mirada del proceso en contexto y la escucha de su relato aquí y ahora, trae al primer plano la foto del *hombre esperanzado*, evidencia la fortaleza de su esperanza y lo que en este momento necesita: reconocer y celebrar la vida con él. En su trayectoria aparece el *dinamismo de la esperanza* con diversos rostros: impulso hacia la vida, resiliencia, paciencia, fortaleza para luchar, capacidad de juntarse con otros, sentido y proyecto, futuro.

> "Nada importa, hace mucho que lo sé. Así que no merece la pena hacer nada, eso lo acabo de descubrir", A Pierre Anthon, muchacho adolescente, este pensamiento le lleva a tomar una decisión: marcharse de la escuela para siempre y subirse a un árbol de donde se niega a bajar. *La vida no tiene sentido*, repite una y otra vez a sus compañeros. Todos ellos entran en *crisis*. Si Pierre Anthon tiene razón, ¿qué pasa con todo lo que nos ilusiona y nos hace vivir, es que no sirve, es mentira? Con la ausencia de los adultos, ocupados en otras cosas, los muchachos se deciden a reunir todas sus pertenencias valiosas, las pequeñas esperanzas que tanto significan para ellos y construyen un "montón de sentido", intentando convencer a su compañero de su equivocación y recuperar así la calma ellos mismos[31].

Esta novela es una ducha de agua fría para librarnos de los efectos de tanto somnífero como circula por los espacios reales y virtuales, *suplantaciones* de la esperanza, sucedáneos e ilusiones falsas, que –con consciencia o ingenuidad– nosotros mismos las hacemos circular a través de nuestras relaciones cotidianas con las prioridades elegidas. Los *sucedáneos* de esperanza pueden llegar a ser muy atractivos y hasta tienen componentes adictivos. Los descubrimos fá-

[31] Janne TELLER, *Nada*, Seix Barral, Madrid 2011.

cilmente chequeando los imaginarios sobre la felicidad. Aficionados a ellos, casi sin darnos cuenta corremos el riesgo de que nuestra vida no sea otra cosa sino "vegetar esperando"[32], como decidió Pierre Anthon.

El sentido y la esperanza de sentido nos sostienen para vivir. Todo lo que hacemos tiene un propósito, un significado. En parte somos lo que esperamos. La esperanza crece al identificar qué aportamos, para qué estamos aquí, pero el sentido no se descubre de repente, es fruto de un proceso, una tarea solidaria y comunitaria de mutua comunicación e intercambio en las relaciones[33]. Este mensaje es denuncia y reto en la historia de Pierre Anthon para quienes decimos querer andar por la vida acompañándonos.

La esperanza pide sembrarla y cuidarla juntos, estar atentos a cuando repunta, celebrarla y hacerla crecer. De no hacerlo, la historia nos juzgará por haber arrebatado a nuestros compañeros de camino el derecho a la esperanza. Compartir proyectos, esperanzas cotidianas, alegrías, frustraciones, sueños, prepara el camino a la esperanza y hace emerger el sentido: quedar con un amigo, hacer diálogo de lo que vivimos en el acompañamiento, jugar y hablar con mis hijos, reírnos y tramar pequeños retos. Cada uno, en nuestra edad y situación, identificamos pequeñas esperanzas cotidianas como forma segura de rescatar el sentido.

Los testimonios de Lucio, Susana, Nuria, Yamil y Pierre Anthon nos dejan buena tarea por delante. Pistas y

---

[32] Gabriel MARCEL, *Los hombres contra lo humano*. Hachette, Buenos Aires 1955. 145.

[33] Francesc TORRALBA, *¿Por qué Pierre Anthon debería bajar del ciruelo? Interioridad y sentido*. Khaf, Madrid 2013. 145.

retos para rescatar la esperanza sea cual sea la situación de cada persona, grupo o colectivo.

Junto a ellos, se agolpan en mi pantalla mental imágenes de quienes pasan los *lunes al sol*, largas temporadas a *la sombra*, o forman parte de *largas marchas* por tierra o mar. Sus proyectos se han visto interferidos por causas diversas: falta de los mínimos para una vida digna, estancias en prisión, hospitales, campos de *desplazados refugiados*. Pienso en quienes caminan *abrumados* por *sufrimientos evitables*, y sienten flaquear sus fuerzas por el peso añadido a lo largo de la historia sobre sus pies. Multitud de rostros concretos, ninguno igual al otro, únicos.

¿Cómo encontrar ahí la esperanza? ¿Será lamentando ciegamente su ausencia? O será, con la mirada creyente, proclamando su Presencia en la actitud resiliente de tantos; el sobreesfuerzo y solidaridad compartida que sostiene la vida; la paciencia de los que no se cansan de esperar, la oración confiada de quien reconoce a Dios como su esperanza.

Como símbolo de la necesidad de esperanza recojo unas palabras de Etty Hillesum, plasmadas en su diario, días antes de entrar en el campo de concentración: "cada chispa de odio que nosotros añadimos al mundo, lo hace más inhóspito de lo que ya es"[34].

Así madura la fe esperanzada, la de Jesús (cf. Hb 3,16), que trasciende el paso del tiempo, va más allá de la muerte, y conoce la Resurrección. La esperanza se transmite por ósmosis, haciéndonos los unos para con otros media-

[34] Etty HILLESUM, *Diario de Etty Hillesum. Una vida conmocionada*. Anthropos, Barcelona 2007. 178.

dores de ella, inseparable del amor solidario. Asistimos al milagro que narró Lévinas de manera tan impresionante: la verdadera esperanza siempre es *co-esperanza*[35].

En todos estos trances la esperanza emerge en forma de palabra de sentido cuando alguno de los interlocutores confía en ella y crea condiciones para su búsqueda. La ruta familiar en nuestro modo de acompañamiento es abandonar la superficie de las cosas y salir a su encuentro adentrándonos por la escalera interior.

## POR LA ESCALERA INTERIOR

En muchos edificios existen dos escaleras: la interior y la de emergencia. La escalera interior da acceso a todos los espacios. Cuando la vida discurre con normalidad nos movemos por ella en el interior de nuestras casas. Subimos, bajamos y en la planta de la calle, atravesando las puertas, salimos. La escalera exterior solo queda para las emergencias, en las situaciones en las que haya que abandonar la casa. Algún incidente no deseado ha ocurrido y lo único prioritario es ponerse a salvo, aunque queden en el interior cosas muy valiosas.

La imagen de la escalera interior me sirve para explicar cómo salir al encuentro de la esperanza en el acompañamiento espiritual. Cuando profundizamos lo que vivimos, sin quedarnos en la superficie de lo que pasa, llegamos al significado y puede emerger la palabra sentido, que fortalece e ilumina para actuar en consecuencia. A esto es a lo que llamo andar por la escalera interior, *escalera de caracol* para incluir el movimiento de la espiral y evitar enten-

[35] Gabriel MARCEL, "Structure de l'espérance": *Dieu vivant* 9 (1951), 76 ; Id, *Homo viator*, 9.10. Citado por Olegario GONZÁLEZ DE CARDEDAL, 518.

der cada piso como si se tratara de un edificio de apartamentos, sin conexión entre unos y otros.

Cuando escuchamos en términos de *problemas*, lo inmediato es intentar buscar *soluciones*; "Ante esto qué dices, ¿Has pensado que...? ¿Lo has hablado con...? ¿Qué crees que puedes hacer?", etc. Con estas u otras preguntas, sin mediar nada más, nos lanzamos por la escalera de *emergencias*, como si hubiera fuego, desestimando toda la riqueza de nuestra casa interior, la casa de la vida. Las personas no somos problemas para los que hay soluciones estándar. ¡Cuánto nos molesta no sentirnos *bien tratados* en entrevistas de una consulta médica, un despacho social, etc.!

Por la escalera interior, al compartir retazos de vida, se genera una corriente de comunicación capaz de reactivar todas las conexiones. Juntos profundizamos la realidad de lo que acontece. Lo real, aquí y ahora es lo opuesto a lo ilusorio.

> Así se comunica Belén: "Con la crianza de mis hijos, andamos de cabeza, y todo lo demás se está resintiendo. Nos *crispamos* por tonterías, lo peor es que yo me noto acumulando *frustración y rabia* dentro y me sale en las relaciones. No quiero esto, temo perder cosas importantes: mi matrimonio, mi familia, incluso mi fe, porque tal y como me veo.... Sé que los años de crianza son difíciles, lo acogimos cuando decidimos tener hijos. Pero no quiero que me supere. Por eso lo hablo contigo, para ver por dónde puedo encontrar luz".

La escalera exterior enseguida nos llevaría a proponer: "deja cosas, ¿quién más os puede ayudar en casa para que no recaiga todo sobre vosotros?".

Por la escalera interior la conversación seguirá otros derroteros a la búsqueda del realismo esperanzado, tras haber acotado los límites de la situación presentada, objetivándola todo lo posible para entenderla bien. Desentrañando los sentimientos acumulados y las reflexiones que se expresan, descubrimos los anhelos que mueven, lo que verdaderamente aprecia, más allá de lo trivial:

> "Mi frustración y rabia viene por *querer hacerlo todo bien*, nos cuesta *encajar lo inevitable* de este tiempo, me gustaría que la realidad fuera un poco más de color de rosa. Con esto no estoy quejándome de mis hijos, lo que quiero es que a mí no me supere, vivir los años de la crianza disfrutándolo como es nuestro estilo".

Descendiendo a lo profundo, llegamos a ese nivel de realidad en el que, más allá de lo que ocurre en el nivel plano de las cosas, nos interesamos por lo que de significado encierran. Preguntas sencillas en la línea de: "¿qué significa para ti este momento que vives?" "¿qué dicen de ti las inquietudes que tienes?".

Es toda una experiencia de revelación ser testigo de cómo emerge la esperanza, al llegar al umbral del corazón y conectar con lo profundo.

> "Me da hasta miedo decirlo, pero creo que estamos descubriendo nuevos rostros del amor: en zapatillas, despeinados, entre biberones y salidas a urgencias en medio de la noche, el cansancio a la mañana siguiente, nos estamos encontrando de lleno con esa realidad que solo el amor comprende" "¡Deseo tanto que cuando nuestros hijos sean mayores se hayan sentido queridos y puedan realizar sus sueños!".

El relato aquí puede expandirse con la esperanza misma o puede entrar en un nivel de conexión que el silencio es la única palabra posible, como quien está guardando lo recibido como un tesoro que se descubre. Ha aparecido el significado, el hilo conductor capaz de entretejer los trajines de cada día, unificar y dar sentido a los balbuceos de nuestra existencia en una sola idea, la palabra de sentido que teje la esperanza.

Queda todavía un nivel más profundo, allá en la bodega de nuestra casa interior, el del encuentro con Dios. Suele ser una prolongación del anterior, pero puede tener un significado específico. Porque en todo lo que vivimos, Dios teje esa historia de amor, puntada a puntada, invitándonos en ello a sumarnos a su proyecto, sin saltarse nunca nuestra libertad. Aquí, la esperanza de sentido, se hace también esperanza de revelación y nos remite de nuevo al exterior.

La palabra-pegunta que ayuda al balbuceo apunta en la dirección de lo dicho: "en esto que vives, qué rostro de Dios se te revela, hacia dónde te mueve".

> En esta ocasión, Belén, bajando el tono de voz y con los ojos emocionados, rememora los versos del profeta: "no temas, pues yo estoy contigo; no te inquietes pues yo soy tu Dios, yo te fortalezco y te ayudo" (Is. 41,10).

La búsqueda de la esperanza por la escalera interior nos desvela su mensaje: aquello que aguardamos está íntimamente relacionado con lo que nos motiva. Será pues el momento de mirar al futuro desde el presente y pensar en diálogo con ella, los reajustes y cambios necesarios para vivir con el realismo esperanzado lo que la situación requiere. Identificar los recursos que pueden ayudar y dar pasos en la dirección hacia la que apunta la esperanza.

## LA ESPERANZA EN EL TIEMPO

Pasado. Presente. Futuro. (...)
Estamos hechos de lo que nos ha precedido.
Y somos responsables de nuestro futuro.
Simone Weil

Al título de esta conferencia en el programa de los V Círculos, le acompañaba un subtítulo: *Vivir el presente con pasión, mirar al pasado con salud y abrirnos al futuro con esperanza.* ¿Cómo acompañamos la esperanza en el tiempo? ¿Cómo se lleva el tiempo con la esperanza? ¿En qué lugares pueden encontrarse?

Vivir en el tiempo es una característica de la condición humana, llevarnos bien con él es indispensable. El *tic toc* del reloj recordándonos su fugacidad, no se detiene jamás y, al final, nos espera la muerte. Con el tiempo y en el tiempo, todo puede relativizarse o redimensionarse. En el tiempo se inscribe nuestra biografía. Las diferentes tramas del relato se van creando en los espacios cotidianos de nuestro presente: *hoy, aquí y ahora*[36].

¿Dónde ubicar a la esperanza? En ese *espacio de sentido* que nos asiste en el tiempo y más allá del tiempo, su impulso dinámico nos hace tender siempre hacia lo porvenir, y no solo a nosotros, también al mundo y la historia. Lo que más nos aleja de la esperanza son las *angustias* de pasado o de futuro.

Cuesta entender la irreversibilidad del tiempo. Cuesta decir *adiós* a quien amamos y ya se ha ido, proyectos consumados, experiencias vividas con sabores

[36] Cf. José Antonio GARCÍA MONGE, *Treinta palabras para la madurez.* Desclée de Brouwer, Madrid [12] 2009. Reflexiones sugerentes en torno a las palabras: adiós, hola, hoy.

 

diversos. Cuando no decimos adiós, el inmovilismo se apalanca y adueña de nuestra vida, cualquier tiempo pasado fue mejor. Otras veces es el futuro el que asusta. Como si no nos bastara con las dificultades del presente, imaginamos escenarios futuros siempre amenazantes, incontrolables. En otras ocasiones, la fuga al futuro ilusorio es la solución falsa para librarnos del presente hostil y desestimarlo.

Cuando el tiempo pasa sin vivirlo estamos procrastinando. ¿Es esto una invitación al presente presentista tan propio del carpe diem? ¿Es seguir la filosofía del comamos y bebamos que mañana moriremos? Nada más lejos de nuestra intención. En todas esas direcciones la esperanza se difumina, la fuga hacia el pasado o el futuro y el desprecio del presente, son los caminos hacia ese callejón sin salida, la *pasión inútil* con la que Sartre contemplaba la condición humana. La invitación que nos hace la esperanza es precisamente esta, *vivir el presente con pasión*, vivirlo con toda intención y atención, no dejarla escapar. Vivir el presente con esperanza.

## ... EL PRESENTE CON PASIÓN

¿Qué aporta la esperanza al presente? Es ella la que nos libera de la inmediatez del instante. Da entrada a la memoria en el momento oportuno para escribir la página de nuestra historia cada día. Ofrece perspectiva y creatividad para generar futuros. La esperanza también nos ayuda a reordenar el pasado, corregirlo, en parte; nos libera de repetirlo en el presente. Sostiene el coraje de existir. Nos ayuda a contactar con todo lo que somos: exigencias y necesidades sí, pero también capacidad de desear, crear y agradecer, abriéndonos confiadamente al futuro[37].

El presente es plural, está hecho de pasado y de futuro. Atender al *presente* es situarse en el *aquí y ahora* de los encuentros, conscientes de que la memoria de lo ya pasado es un contenido de la conversación y lo que deseamos del futuro no quiere perderse la cita. Lo importante de ambos, pasado y futuro, es que ocupen su justo lugar, ni más ni menos. Si uno u otro ocupan todo el espacio o se ausentan, son una fuente de problemas. Todos hacen falta en la mesa del diálogo. El presente, como coordinador, será quién de entrada a uno y otro en el momento oportuno, a él lo mueve la esperanza.

## EN EL PRESENTE CON TODA INTENCIÓN...

En el acompañamiento reforzamos la búsqueda del significado al profundizar situaciones cotidianas. *Perforaciones,* al decir de Madeleine Delbrêl. Lo hemos explicado ya al hablar de la escalera de caracol: por el interior y hacia lo profundo, siguiendo el movimiento de la espiral, llegamos directas al lugar del corazón. Una forma de cultivar la dimensión de profundidad y descubrir el carácter sacramental de la vida, sin perder ni un ápice de objetividad y realismo, al tiempo. Cuando tocamos fondo, el impulso recibido nos hace salir, otra vez, hacia los otros. Crecemos en conexión, en conciencia de existir, en palabra, en hacernos presentes y reconocer a la Presencia.

[37] Cf. GESCHÉ, 132.

 

*Resignificando los relatos de vida.* Los primeros significados que aparecen no son los únicos, en el huerto de nuestro interior, hay más frutos. Al profundizar lo vivido y no quedarnos en la superficie de las cosas, se nos amplía la perspectiva, aparecen dimensiones nuevas. Las lecturas y relecturas nos descubren nuevos significados. Ataviados con la palabra objetiva, realista y trascendente, se amplía el horizonte de la esperanza.

*El relato de mi presente / nuestro presente.* Es tarea especialmente bonita y fructífera. Todas las propuestas que comentamos pueden ser personales o colectivas, debidamente adaptadas a las circunstancias. Se trata de tomar un poquito de perspectiva de sí mismo y dejar que aflore lo que caracteriza mi *hoy*. ¿De qué está poblado mi presente? Lo importante es establecer diálogo con todo lo que somos, hacerle la pregunta a mi cuerpo, mis afectos, mis pensamientos, mis relaciones, lo que me rodea, lo que pasa en el mundo, lo que me ocupa y al Dios que se me revela hoy. Este ejercicio, hecho en soledad y compartido en diálogo de acompañamiento es un complejo vitamínico potente para vivir el hoy con pasión.

En resumen, acompañar a los otros para dar a luz la palabra de significado y sentido de lo que se vive, es tarea básica para vivir el presente. Los significados convierten una misma realidad en una experiencia diferente. Recuerda el ejemplo clásico atribuido a Chesterton y haz tú mismo el ejercicio desde lo que vives. "Tres canteros hacen el mismo trabajo. Ante la pregunta: ¿Qué haces? cada uno responde de manera diferente: *"sudando como un idiota y esperando la hora de terminar para irme a casa"* –dice el primero–; *"ganándome el pan para mí y para mis hijos"* –contesta el segundo–; *"construyendo una catedral"* –responde el tercero–. ¿Cuál de los tres aguantará mejor los sufrimientos y contratiempos de su trabajo?

## RECONOCER LA ESPERANZA EN SUS DIVERSOS ROSTROS. IDENTIFICARLOS. NOMBRARLOS. CELEBRAR SU PRESENCIA Y SU MODO DE HACER

*Fortaleza y realismo esperanzado.* La esperanza gusta de visitarnos vestida de *fortaleza.* Crece afrontando las adversidades inevitables de la vida, tiene muy agudizado el sentido de realidad, avanza pisando tierra, sabe de la necesidad de aprender a encajar lo que se presenta para vivir. Siempre dispuesta a comunicarse, salir al encuentro de los demás allá donde habitan; también al encuentro del Misterio reconocido como Presencia. Se siente libre y atenta para detectar cualquier situación que pida cambio, no duda en afrontarlo, abrirse a escuchar y sumarse a lo que la vida pide. Juntarse con otros buscadores lo hace posible. Sabe que los proyectos requieren de todas las manos.

*Resiliencia.* Cuando las adversidades evitables nos golpean, muchos sucumben a ellas, otros resurgen de las cenizas, como verdaderos testigos. ¡Recordamos el relato de Yamil! En esta ocasión, la esperanza viene revestida de la resiliencia, esa fortaleza redimensionada, de quienes, a pesar de haber vivido experiencias inenarrables, anuncian con su vida que el mal, el dolor, la injusticia, la barbarie no tienen la última palabra y la puerta a la esperanza de futuro no se cierra necesariamente[38].

Cuestiona conocer a resilientes que se abren a la comunicación, en el claroscuro, cuando todavía no ven la luz. ¿Qué decir? ¿Cómo acompañar? Graciela Fainstein, secuestrada y torturada en Buenos Aires, 1976, nos hace descalzarnos, una vez más. Su relato es la experiencia de quien lucha por sobreponerse y continuar viviendo tras haber sido arrancada de la realidad de los inocentes. Escribe al final de su texto:

> "¿Y el final? Los amigos a quienes les doy a leer estos apuntes coinciden en decirme que falta un final. Me pongo a pensar en un final, pero el final no llega, lo que quizás ocurre es que esta historia no tiene final, no ha llegado aún a su final (...). Si he escrito esto, ahora lo veo, no ha sido tanto por la esperanza de encontrar una respuesta, sino más que nada por intentar encontrar compañía en esas preguntas, para sentir que hay otros que también buscan, no dejan de preguntárselo. (...) Romper la soledad, partir el silencio, entregarles a mis amigos (...) las palabras que estuvieron siempre, aunque escondidas, detrás de las otras (...) Estos apuntes son una batalla contra lo indecible, una rebeldía contra el silencio, contra la resignación de no poder comunicarse, contra la fuerza de los hechos que parecen aplastarnos por momentos"[39].

*La paciencia.* La resiliencia crece con el realismo esperanzado. Es este, el útero en el que se gesta la paciencia, esa esperanza sostenida en situación de dificultad en la que se hacen sentir las pesadumbres del momen-

[38] Cf. Boris Cyrulnik y otros. *El realismo de la esperanza*. Gedisa, Barcelona 2015.

[39] Graciela Fainstein, *Detrás de los ojos*. Icaria, Barcelona 2006. 185-186.

to[40]. Es un antídoto contra la desesperación. Decir "ten paciencia" a quien está sufriendo puede resultar insultante, pero la mirada de discernimiento que reconoce la paciencia en quien padece una situación irreversible y la nombra, actúa de palanca y hace emerger esa fuerza silenciosa que late en lo profundo. La paciencia es activa, no deja de hacer lo que se pueda hacer, ni se resigna ni se cruza de brazos; no es amiga de la tristeza ni de lamentos inactivos.

Y con el tiempo, la paciencia, crece en sabiduría. Aprecia pensar la vida como algo valioso y contribuir a ella con su aportación. Encontramos una maestra de discernimiento por su actitud vigilante para discernir cuándo luchar activamente y cuándo hacerlo desde la resistencia de quien acepta. La paciencia se expresa, sobre todo de manera *performativa*. La mirada a las comunidades cristianas en tiempo del Imperio Romano, padeciendo una buena dosis de hostilidad, nos deja el testimonio de la esperanza paciente y su fuerza transformadora en personas y comunidades. Se atribuye a Cipriano, Obispo de Cartago, en la década del 250, a quien le tocó enfrentar problemas con todos los estamentos de la ciudad, incluida la Iglesia, la siguiente expresión: "Nosotros, no hablamos de cosas grandes, sino que las ponemos en práctica"[41]. Orígenes reconoce a Jesús el Señor como la "paciencia en persona", Él es quien está en el corazón de la paciencia dándole vida. Con ello, tirando de la memoria histórica, se nos invita a revisar nuestra forma de vivir la fe esperanzada hoy.

---

[40] Josep María Esquirol, *El respirar de los días*. Paidós, Barcelona 2009. 151.

[41] Alan Kreider, *La paciencia. El sorprendente fermento del cristianismo en el Imperio Romano*. Sígueme, Salamanca 2017. 29, 35.

## EL PRESENTE MIRA HACIA EL PASADO...

*Para ser memoria agradecida.* ¿Cómo hemos llegado hasta aquí? La memoria de lo vivido nutre: "en parte somos lo que hemos sido". Es la raíz primera y permanente de la esperanza. La memoria que fortalece no repite sin más las cosas que han pasado; lo que guarda es el sentido y significado de lo vivido con sus efectos, perjuicios y beneficios que nos dejan. La memoria bien ordenada alberga creencias fruto de las experiencias vividas, fortalece, da suelo y consistencia, nos hace girar sobre nuestros pies y orientarnos hacia el horizonte. El agradecimiento, a su vez, es antídoto para la tentación, decían los Padres y Madres del desierto. Dar gracias es ejercicio de humanidad, nos ayuda a crecer en acogida cordial a la condición humana.

*Desde la memoria agradecida reaviva la consciencia de existir.* Esta es una de las tareas habituales y más bonitas del acompañamiento espiritual en la vida diaria. Al exprimir a fondo las experiencias cotidianas y agradecer todo el fruto que nos dejan, se reajustan todas las conexiones. Un curso que se acaba, una misión vivida, una experiencia oracional, el nacimiento de un hijo, la despedida de un ser querido, un cambio de trabajo, una situación inesperada, el proceso mismo de acompañarse durante un periodo. En ese recorrido por la memoria hacia dentro y hacia lo profundo, nos rescatamos de manera solidaria del olvido de vivir, al que aludimos anteriormente. "Hoy quiero profundizar y recoger lo vivido en el tiempo de gestación y nacimiento de nuestro primer hijo, dice Mery...".

*Para fortalecernos en los momentos difíciles.* Quién no ha experimentado lo fácil que resulta confiar cuando las cosas van bien y percibimos futuro. Y qué difícil resulta, a veces incluso imposible, cuando ocurre lo inesperado, se tuercen las cosas en el presente y el futuro se cierra cada vez más, ¿de dónde sacar fortaleza para sostener la esperanza?

Es entonces, precisamente, cuando recurrimos al "disco duro" de las memorias acumuladas para rescatar la confianza. A través de pistas sencillas identificamos las fortalezas que pueden sostenernos en medio de la debilidad: a) mirando al pasado, ¿Cómo fue posible afrontar y seguir adelante en una situación semejante a esta?; b) en el presente, ¿Qué te sostiene ahora en este momento de dificultad? ¿Qué personas, qué creencias, qué actividades? ¿Con qué recursos efectivos cuentas?; c) hacia el futuro, ¿Qué tendría que pasar para darnos cuenta de que has afrontado esta situación difícil?; d) hacia lo profundo, ¿Hay alguna palabra de sentido que te sostiene? ¿Qué Dios se revela en este momento?

Ahí aparecen las capacidades que tenemos o tuvimos y también las personas que sostuvieron *por* y *para* nosotros la esperanza en esos momentos de dificultad. En el terreno creyente, si Dios está o ha estado en esas memorias acumuladas, emerge con una fuerza especial, aunque en principio pueda parecer incluso que se ha difuminado o que se le percibe lejos. Dios aparece como el Dios que sostiene en la incertidumbre, como una Presencia o como un Tú concreto, vivido como Misterio, como Padre y Madre, compañero o hermano en Jesús o sentido como el Espíritu, que permanece siempre con nosotros. Así, esa memoria de sentido se convierte en memorias de amor.

## EL PRESENTE SE ABRE AL FUTURO...

*Por el impulso mismo de la esperanza.* Vivido con pasión, el presente nos lanza al futuro. Muchas acciones propias del acompañamiento actúan a modo de rampa de lanzamiento hacia ese futuro: ayudar a pensar y tomar decisiones, elegir profesión, dar el salto a la vida emancipada, discernir la vocación, llamadas que se suscitan en lo profundo del corazón, la concreción de proyectos en diversos momentos de la etapa vital, aprender a vivir en otra tierra y cultura, recomponer la vida después de una pérdida grave, preparar la vida en libertad, etc. Son muy diversos y conocidos los recursos que pueden ayudar a ello. Estos procesos de construir futuro son personales y colectivos y se concretan de forma diversa según sean las situaciones y ámbitos en que se dan.

*Para ensayar cambios y llevarlos a cabo.* En la apertura al futuro (no fuga) desde el presente, los cambios solo se realizan desde espacios seguros, desde esa confianza por la que moverse a otro lugar deja de ser un imperativo imposible. Supone arriesgarse a nuevos proyectos de vida, trabajo, cambios en la manera de pensar, vivir, amar; reajustes después de determinadas pérdidas, experiencias de ruptura con lo rutinario, afrontar nuevos retos y experiencias, estrenar realidad.

No siempre resulta fácil. Según hayan sido la historia vivida, las posibilidades de desarrollo de las capacidades, la fortaleza y los motivos para esperar, estamos más o menos capacitados para ello. Los pedagogos y maestros insisten en la necesidad de proponer a los jóvenes retos proporcionados para hacer crecer en ellos la fortaleza.

 

Aparece entonces, otra tarea importante en el acompañamiento: discernir y confirmar al que quiere cambiar y todavía no puede, clarificar con quien está confuso los cambios a realizar y cómo hacer para abrirse al futuro con confianza. Será imprescindible volver una y otra vez a afianzar esa seguridad con palabras de realismo esperanzado: "No te rechaces pensando que te cierras, que no quieres abrirte al futuro y cambiar, lo que pasa es que aún hay obstáculos que lo impiden o es tu propia impaciencia la que te mete presión. Juntos y con paciencia, iremos creando condiciones para que sea posible".

Es el momento de construir esas alternativas reaprendiendo a vivir. Gestionar los miedos, no pelearnos con ellos; aprender resiliencia; fortalecer la paciencia y esperar a la palabra de sentido allá donde emerge. Abrirse al futuro conlleva una dosis inevitable de miedo. No podemos controlarlo todo, lo único que sí podemos hacer es tomar la decisión de abrirnos a recibir o rechazar lo que está por venir.

## HACER DIÁLOGO CON EL MIEDO HASTA QUE LEVANTE LA NIEBLA

*¿Qué pasa si el miedo se impone a la esperanza?* ¿Si la relación no fluye? La esperanza suele presentarse de la mano del *miedo*, esa *emoción* básica capaz de salvarnos la vida, ya que alerta de nuestras limitaciones, lo que podemos o no, solo con nuestras fuerzas. Su funcionamiento es muy sencillo: nuestro instinto de supervivencia percibe un peligro inminente, potencial o real, se activa una alarma, como cuando hay guerra. De inmediato, el sistema

nervioso entra en acción para *protegernos*: ¡a los refugios! Toca *defenderse*, lo demás queda pospuesto. Todo es muy rápido, casi automático, sin tiempo para *pensar*[42].

"¡Qué susto tenía de pensar en hablar esto contigo! ¡Lo imaginaba imposible! Me costaba mucho compartirlo, temía tu reacción o la mía, no sé. Cuando el peligro cesa volvemos a la *calma*, respiramos mejor y el corazón se tranquiliza. De nuevo, la esperanza emerge y actúa. "Ahora, que ha pasado, noto que me tranquilizo y hasta me quedo mejor, podemos continuar"

La esperanza reconoce al miedo como aliado y amigo de la vida, sabe que existe desde antes de aprender la *palabra*. Es efectivo para interiorizar el *sentido del límite*, necesario para arriesgar, de forma sana y proporcional, ante los *retos* que se nos presentan, ante el mismo hecho de crecer y vivir. Se podría decir que la esperanza misma lo considera ayudante valioso ante diversas decisiones que toca tomar, siempre y cuando este ocupe su lugar.

Cuando el *miedo* insiste en querer llevar el control, cuando no hay peligro o actúa de forma desproporcionada, en vez de protegernos, nos daña. Se torna antiecológico, por el desmesurado gasto de energía y las continuas interferencias que genera en el pensar, sentir, decidir, actuar. Esto sí que afecta a la esperanza. En vez de mirar a lo *porvenir*, nos *atrapa* en la memoria sesgada del *pasado* y pretende ser el criterio dominante para tomar decisiones.

Podemos sentir miedo cuando no hay peligro, pero nos ponemos en lo peor; padecer miedos desproporcionados a lo que pasa; estar tan atrapadas por el miedo

[42] Anabel GONZÁLEZ, *¿Por dónde se sale?* Planeta, Madrid 2023.

que ya ni siquiera lo sentimos, aunque actúa de brújula en las decisiones. Nos asustamos hasta de quienes nos pueden ayudar y, sin embargo, no detectamos situaciones verdaderamente peligrosas de las que conviene huir. Situaciones de estrés e hipersensibilidad permanente, peligros vividos en el tiempo; pensamientos obsesivos, sentir la vulnerabilidad, etc. Son muchos los miedos que aparecen en forma de nubarrones con el empeño de eclipsar la esperanza.

Apasionante, también resulta en el acompañamiento la construcción de visualizaciones de situaciones futuras vividas con salud: ¿Cómo te imaginas determinada situación futura tal y como deseas que sea? ¿Qué tiene que cambiar, teniendo en cuenta los datos de realidad para no sentirte de nuevo atrapado por el miedo? ¿Qué pensamiento saludable puede ayudar a ello? Y desde el nivel espiritual: ¿Cómo se muestra el Dios de la Presencia alentando ese momento?

### CUANDO LLEGA EL FINAL DE NUESTRA BIOGRAFÍA Y NOS ABRIMOS A LA ESPERANZA DE SENTIDO, COMO ALGO DIFERENTE DEL TIEMPO

En el terreno espiritual, y sobre todo al final de la vida, conducir a espacios seguros es mucho más que el aprendizaje de recursos; implica adentrarnos en la confianza del Dios que acompaña y nunca abandona. Un ejemplo paradigmático lo encontramos en el acompañante de Emaús. A los sufrientes del camino, después de escuchar y acoger sus cantos de lamento, les invita a mirar al horizonte para construir con ellos, como relato de esperanza, la relectura de lo vivido. A los acompañantes se nos pide, como a los profetas de la biblia y al peregrino de Emaús, aprender a subvertir las dinámicas de miedo y desolación e identificar las señales del pasado y del presente hasta despejar el futuro con esperanza. La palabra del creyente en esta situación está recogida en la carta a los Romanos: "Quien nos separará... estoy convencido de que ni la muerte, ni el mal, ni el dolor tienen la última palabra...".

## CUANDO EL PRESENTE ESTÁ INVADIDO Y EL FUTURO DESAPARECE

*La desesperanza lo nubla todo. ¿Qué podemos hacer?* Ante la vida destrozada o amenazada, es la esperanza misma la que *urge* a quienes, no están atrapados por la situación. Es tiempo de sostener la esperanza *por* y *para* los demás, tiempo de decisiones y actuaciones efectivas en el *aquí y ahora.* Los equipos de emergencias en actuaciones rápidas, organizaciones humanitarias de todo tipo, se transforman en *puntos de esperanza,* con su ser y hacer.

A veces el carácter *irrevocable* del pasado afecta de tal manera, que, aunque el daño padecido no esté activo en el presente, sigue haciendo sus estragos. Cerebro y corazón han quedado tan dañados y doloridos que parecen haber dejado de funcionar. ¿Cómo se nota? La *desesperanza* crece. ¿Queda algo más que no sea la resignación? "Las cosas no han salido como queríamos, ¡qué rabia!". "Lo mejor es distraerse y olvidarlo". Si quedara algún vestigio de esperanza, nos vamos a la escombrera con ella. También la *desmesura* tiene el terreno abonado para crecer. ¿Ha pasado algo irrevocable? "¡Ha pasado lo mejor que podía pasar! ¡Tal y como estaban las cosas no podía ser de otra manera!". La fantasía pretende sustituir a la realidad, nos sale deformar lo que ocurre para hacerlo digerible.

*Es el momento de la esperanza de sentido.* La que se libera de quedar encerrada al discurrir del tiempo según la lógica humana. "Desde las esperas cotidianas hasta la más fuerte esperanza de sentido, la persona que las vive logra no dejarse engullir por el abismo de la nada y consigue, por tanto, tener un mañana"[43].

*Que sean consolados* las mujeres y los hombres expoliados por cualquier tipo de mal evitable. La propuesta de Metz, para no dar el futuro por cerrado es la *solidaridad rememorativa*[44], la esperanza cristiana en el Dios de los vivos y muertos.

## CONCLUSIÓN

La firmeza viene de la promesa de Dios, no de nosotros; por su gracia podemos esperar contra toda esperanza, esperar con paciencia, que es el esperar profundamente cristiano (cf. Rom 8,24).

¿Cómo se traduce en la vida cotidiana? Lo expreso con palabras de quien reconozco como testigo para mi propia existencia:

> "La esperanza no consiste en decir sencillamente, ingenuamente, cuando las cosas van mal, que todo irá bien. No es una póliza que nos evite el

---

[43] Josep María ESQUIROL, *El respirar de los días, una reflexión filosófica sobre el tiempo y la vida*. Paidós, Barcelona 2009. 158.

[44] Juan Bautista METZ, *La fe en la historia y la sociedad*. Cristiandad, Madrid 1979. 95.

sufrimiento, que nos garantice el éxito o nos asegure un futuro color de rosa. Tampoco consiste en hacer intervenir, cuando falten las razones humanas, unas presuntas razones sobrenaturales que nos aseguren que todo irá bien. No consiste en convencerse, cuando se pasa por la enfermedad, el sufrimiento o la desgracia, de que un poder superior va a eliminar, como por ensalmo, por arte de magia, los males que uno padece.

Consiste más bien en realizar existencialmente, en «experienciar», que donde todo invita al desánimo y a la desesperación, la confianza en Dios –don sobre todos los dones, único don que responde al deseo que es nuestro corazón, horizonte en el que se inscribe la vida, próspera o mísera, feliz o desgraciada que vivimos– hace posible que sigamos confiando, que haya tierra firme en la que echar el ancla del deseo de felicidad que nos constituye, sin ceder a las razones humanas, por más poderosas que nos parezcan, para desesperar"[45].

[45] Juan MARTÍN VELASCO, "Revelación y fe desde la perspectiva de las ciencias de las religiones", en: VV AA, Cátedra Chaminade, *La fe*, PPC y Fundación Santa María, Madrid 2005. 171-203 (197-198).

# Palabras de clausura

Buenos días. Agradeciendo, lo primero, la oportunidad que me habéis regalado de estar aquí, escuchando y compartiendo y hacerlo, además, con la petición de hacer síntesis de los ecos recibidos me obliga a aguzar la oreja y a escuchar más atento para poder cerrar mejor este círculo de encuentro. Es difícil sintetizar en diez, quince minutos la riqueza de lo compartido. Así que me limitaré a entresacar ideas y sentimientos que han surgido de escucharos y resonancias que han brotado en mí.

Dando vueltas a estas jornadas, pregunté a mi hijo hace unos días sobre esto de la esperanza. Después del esfuerzo –grande, de verdad– de despegarle de la pantalla del móvil conseguí sonsacarle algo así como que "*la esperanza es que me ocurran cosas buenas*". ¿Y eso cómo lo vives?, le pregunto. "*Con angustia*", me responde. Y punto, no conseguí mayor explicación...

Así que, vista la amplia respuesta me fui a otra hija, la mayor: "*Mira papá: a mí el futuro me provoca mucha ansiedad porque está lleno de incertidumbre... La espe-*

*ranza es una manera muy distinta, que no sé explicarla, de mirar al futuro, que me hace vivir con más paz y seguridad... Cuando miro así, no me provoca ansiedad: no puedo decir más que esto".*

O sea, que concluyo, después de esta encuesta, que la gente "normal" no pocas veces confundimos la esperanza con el optimismo barato de sentirme bien, que la angustia ante el futuro vivido como amenaza (y también el deseo de superarla) están muy presentes en nuestra vida, y que eso de la esperanza sabe a serenidad, promesa y confianza... Por lo tanto, proponer unas Jornadas que nos inviten a degustar que no se trata de creer que todo va a ir bien, sino que podemos dar un sentido a lo que va bien y a lo que va de pena, que esto no va de sentimientos sino de actitudes..., se hace pertinente y muy necesario. Por lo menos para mis hijos, y creo que para bastantes más...

Fijaos que curioso: los títulos de todas las ponencias que nos han regalado estos días nos muestran la palabra esperanza siempre precedida de un verbo. Siempre. Un verbo que, para los que han olvidado la gramática del instituto, recuerdo que es la palabra que expresa acción, estado o proceso. O sea, que parece que se nos quiere decir que no hay esperanza si no hay acción que la active o proceso que la acompañe.

Repasamos, a manera de síntesis de estos dos días, los verbos que hemos escuchado....

"*Mirar* con esperanza", algo que, nos recordaba Sebas ayer, solo se puede hacer si has vivido la desesperanza, el dolor del mundo. Más allá de una seudofelicidad, el drama de la esperanza cristiana, la de Jesús, da fondo a la experiencia. Para ello, hace falta dar tiempo, pero no como el de la lavadora en el programa de centrifugado. Un tiempo que construye proceso y narraciones...

Pero esa esperanza tiene que alimentarse, o si queréis, forjar, y eso se hace, nos lo recordaba Javier Sancho, en la oración. En esa fragua descubrimos, si Dios quiere, que el fundamento de nuestra esperanza es Dios que me espera. Un don gratuito, un regalo que se trasforma en el motor de nuestra vida.

Pero hay que *"aprender y construir la esperanza"* (dos nuevos verbos recogidos ayer en las comunicaciones y en la mesa redonda): a través de testigos y proyectos, tanto en la Iglesia como fuera de ella, que nos muestran camino. Y surgen otros verbos en los que la esperanza se hace vida concreta: acoger, cantar, emocionar, acompañar, indignarse, llorar, gestionar desde la política, saltar una valla fronteriza o arrancar unas risas. Las experiencias compartidas en la mesa redonda y en las comunicaciones nos muestran que la palabra esperanza surge frágil, pero viva en todos ellos. Que eso de lo que hemos hablado estos días no es solo palabras, es vida...

Añado un verbo que no aparece en el programa, porque todo esto, ¡claro!, lo tenemos que *celebrar y agradecer*. Podemos cantar y gritar que *"solo en Dios descansa mi alma, porque de él viene mi salvación"*, ¿A alguien se le ocurre una esperanza más gorda? Ain Karem y Ruaj, gracias por recordarnos, una vez más, lo importante: que nosotros podemos celebrar la esperanza porque Él nos espera.

Y así, encendido el corazón, nos fuimos anoche a la cama (bueno, os fuisteis vosotros, porque yo me fui a aporrear hasta las tantas el ordenador para poder hilvanar estas palabras en calentito...).

Y así, hoy hemos continuado conjugando verbos...

*Trenzar* la esperanza ¡que verbo más profundo nos ha ofrecido Carmen esta mañana en su ponencia: ¿Qué hilos tejer para desvelar y sostener esa esperanza? El amor y el anhelo de justicia, la memoria y el futuro, el yo y el nosotras, lo comunitario y lo social, Dios y los pobres. Unos hilos que, entretejidos, constituyen la tierra buena donde plantar fresas en nuestro metro cuadrado.

Y, por último, hace un ratito, Lola con su habitual sabiduría, nos recuerda que es imposible acompañar la vida sin el sustento de la esperanza. Esperanza... ¿Dónde estás?: acá, en lo profundo. Esperanza... ¿Quién eres?: el impulso y sostén de la vida cotidiana, el Dios de la promesa...

No puedo y no quiero dejar de traer a esta memoria mi realidad concreta. Me dedico a los enfermos en el final de su vida en el hospital, ofreciendo cuidados paliativos... esos que dicen que se aplican cuando "ya no hay esperanza..." Pero sí... sí la hay... por lo menos a veces.

Os dejo mejor que os hablen ellos, los enfermos. ¡A ver que nos dicen ellos sobre estas cosas de las esperanzas!

**Baltasar.** 70 años. No puedo definirlo más que como un pendenciero. Ha vivido como le daba la gana y no podemos decir que haya dejado un buen recuerdo. Maltratador, ni sus hijos ni su mujer quieren saber nada de él. Propietario de una casa, nos dice que no ha hecho testamento para que sus hijos se peleen entre ellos cuando se muera. Ese es su anhelo...

Baltasar tiene un cáncer de colon. La enfermedad ha ido progresando hasta el momento actual. Y en este tiempo ha ingresado un montón de veces y tras ser dado de alta, reingresa al hospital al día siguiente. Una y otra vez. Al final se va confirmando la sospecha. Su enfermedad se llama soledad, una casa fría y vacía, un nada que hacer y un todo que esperar, desesperanza....

Este último es un ingreso muy prolongado y cada día para mí la situación se hace más cargante. Lo veo todos los días, le pregunto cómo está y solo recibo de él quejas y la expresión de un deseo de muerte ante el que no puedo o no sé hacer nada. Reconozco que me angustia y exaspera cargar con un problema que no es un asunto médico, sino social y existencial y que me sitúa ante la impotencia de quien no tiene recursos para aliviarlo. A veces me descubro más tranquilo cuando sufre complicaciones médicas, porque ahí algo tengo que hacer: un antibiótico, un análisis, un TAC... Pero cuando es solo la rabia, ahí no sé qué hacer...

Baltasar es Judas, o el endemoniado de Gerasa, o uno de esos endemoniados ante los cuales los discípulos fracasan en su curación. Es, siendo sinceros, el fracaso, la falta de sentido, la desesperanza. ¿Para qué recuperarse si lo que espera después es la soledad? ¿Cómo hacer memoria y legado de lo vivido, si eso produce más dolor aún? Más fácil es proyectar en los otros todo el mal que se ha hecho. El demonio que vive en el interior de Baltasar le hace estar muerto en vida, solo esperando, porque no hay futuro, no hay pasado, no hay sentido. Es el de Baltasar ese dolor al que –como decíamos ayer– hay que bajar para encontrar la esperanza. Pero yo no sé...

**Loli**. 50 años. Independiente a rabiar. Soltera, vive sola pero muy acompañada por sus hermanas... Una relación de amor y odio, de necesidad y de control.

 

Conozco a Loli en este ingreso hospitalario por un motivo banal. Tiene un cáncer de tiroides, pero estaba en teoría relativamente controlado. Pero todo se va torciendo en los días de hospital –dolores, complicaciones varias–, y se va presentando, de forma inesperada, la posibilidad de que las cosas vayan definitivamente mal, que no se pueda salir del hospital, que todo acabe ahí, cuando en un principio la estancia en el hospital se planteó como poco más que una "puesta a punto".

Con Loli os quiero presentar la lucha esperanzada en el límite y la muerte. Hemos compartido un montón de peleas y rebeldías hasta superar la ilusión optimista, un poco *flower*, de que "todo va a ir bien" y aceptar que "esto va mal", que la vida se acaba y que hay que aprovechar los días, no para fantasear sobre lo que no va a ser, sino para vivir lo que se nos da. Y es que hay mucha vida al final de la vida...

Un día, a pie de cama, propongo una conversación que se presupone dura pero que transcurre serena y tranquila. *Loli... ya no tenemos más que ofrecerte para pelear. Tienes 50 años, es verdad, ganas de vivir, es una faena, pero esto se acaba.* Y Loli se entrega a esta verdad. Se hace cargo. Comprende, intuye muy dentro que ahora tocan otras cosas. Y lo que era una espera angustiosa, peleona y un poco fantasiosa se transforma en otra cosa... ¿Será eso la esperanza de la que hablamos?

Las dos siguientes semanas son distintas: despedidas, recuerdos y reencuentros, legados, mandatos póstumos (de verdad os puedo decir que, mandona como es, ha organizado la vida de todos los que rodeaban, y si me dejo, organiza la mía también). Sorprendentemente, cuando se produce la entrega y la aceptación, disminuyen los dolores, o por lo menos dejan de ser el centro de la vida y llega una relativa serenidad en la que hay, incluso, momentos de risas....

Loli es Getsemaní. Por cierto, para nada creyente, pero no creo que se moleste si le atribuyo ese papel. Se ha ido la semana pasada. Getsemaní porque ha habido lágrimas de sangre y porque, después de una larga vigilia, Loli se dejó hacer. Cuando pudo mirar el final de frente, el final real, recibió el regalo inesperado de una esperanza que dio sentido al presente, apoyada en la memoria agradecida por lo vivido.

Termino, ahora sí, de verdad. Anoche, cuando hacia síntesis de lo escuchado, pensaba que no solo con verbos (o sea haciendo...) se construye la esperanza. Por aquí se han escuchado también muchos adjetivos (para los que somos de ciencias, os recuerdo que adjetivo es la palabra que acompaña al sustantivo y que expresa su cualidad).

Estamos llamados a poner adjetivos con nuestra vida que den cualidad a esa esperanza que queremos vivir. La pregunta sobre si vivimos esperanzados no es suficiente.

Estamos llamados a preguntarnos sobre cómo es nuestra esperanza. Loli, Baltasar, mis hijos, los ponentes de estos días nos han propuesto muchos adjetivos: busquemos los nuestros, pero, por favor, que sean más prosa y menos poesía, que no todo tiene que ser bonito y redondito: ¿Vives con esperanza? Dime como es...; limitada, deseada, recibida, entregada, soñada, terca, evangélica, honda, distraída, rota, reconstruida, necesitada, cierta e incierta, compartida... Lo que queráis, ¡pero que sea verdad! Os invito, como ejercicio para llevar a casa, rebuscar en las notas que seguro habéis tomado estos días y encontrar esa palabra repetida, ya sea adjetivo o verbo, que ha resonado de forma especial... Tened la certeza que esa es, y no otra, la esperanza que la Ruaj nos invita acoger y hacer crecer en cada uno de nosotros. Muchas gracias.

## Títulos
## Círculos de encuentro Marisa Moresco

Lola Arrieta Olmedo y Elisa Estévez López (Coords.)

***Acompañar en las periferias existenciales***
I Círculos de encuentro Marisa Moresco

~

***# Familias que importan***
*Acompañar el latido de la V/vida*
*entre vulnerabilidad Y fortaleza*
II Círculos de encuentro Marisa Moresco

~

***Acompañar en la [in]certidumbre***
III Círculos de encuentro Marisa Moresco

~

***Identidades emergentes***
*Acompañar en la cultura del cuidado y la responsabilidad*
IV Círculos de encuentro Marisa Moresco

~

***Sembrando esperanza***
*acompañando el presente*
V Círculos de encuentro Marisa Moresco

Made in United States
North Haven, CT
10 September 2026

18419718R00108